초효율 공부법

시간 낭비를 확 줄여주는

초효율 공부법

다이고 지음

당장, 잘못된 공부 습관에서 벗어나라

과학적인 공부법 34가지

더메이커

책을 펴내며

지금 교육 현장에는 안타깝게도 효율적이지 못한 공부법으로 공부하는 수험생들이 많다.

이런 공부법으로는 아무리 공부해도 열심히 했다는 안도감만 들 뿐 좋은 결과를 기대하기 어렵다.

공부하는 데 진짜 필요한 것은 과학적으로 입증된 제대로 된 공부법이다. 하루 빨리 귀중한 시간을 효과적으로 사용하는 '초효율 공부법'으로 바꿔나갔으면 좋겠다는 생각으로 이 책을 썼다.

멘탈리스트 다이고

차례

제2장

'초효율 공부법'의 기본

제3장

진짜 공부는 준비 단계부터 시작된다
공부하기 전의 7가지 테크닉

제4장

기억에 남은 것이 바뀐다!
공부한 후의 5가지 테크닉

제5장

학습 효과를 더욱 높이는 고수의 공부 습관 7가지

제6장

재능의 한계는 이렇게 넘어라!
공부 잘하는 머리로 만드는 과학적 트레이닝 2가지

제1장

내 공부법은 효율적인가

잘못된 공부법 7가지

지금 당장 '잘못된 공부 습관'에서 벗어나라

Intro

당신이 지금 사용하고 있는 공부법의 90퍼센트는 효율적이지 못하다.

이렇게 말하면 당신은 분명 지나친 과장이라고 생각할 것이다. 하지만 이것은 틀림없는 사실이다. 학교나 학원 선생님은 아쉽게도 가르치는 전문가지 공부하는 법을 연구하는 사람이 아니다. 그렇기 때문에 공부법을 업데이트하기가 어렵고, 학생들에게 새로운 공부법을 소개하는 것은 불가능에 가까운 일이다.

얼마 전에 지방에 있는 한 고등학교에 강연하러 갔다가 놀란 적이 있다. 이미 과학적으로 비효율적이라고 증명된 공부법을 아무런 의심도 하지 않고 가르치고 있었다. 게다가 스마트폰이나 태블릿 사용을 금지하고 있었다. 산만해지기 쉽다는 이유에서였다.

하지만 스마트폰이나 태블릿을 사용하면 그 이상의 이점이 있는 것 또한 분명한 사실이다.

공부하는 데 도움이 되는 정보를 효율적으로 얻지 못할 뿐 아니라 노력한 만큼 성과를 내지 못하는 방법으로 가르치고 배우는 것을 보고 안타까운 마음마저 들었다.

그러고 보니 내가 초등학교 시절에도 샤프펜슬 사용은 안 된다며 연필로만 쓰게 한 선생님이 있었다. 물론 최신 학습이론을 교육 현장에서 활용하는 선생님도 있다. 하지만 그런 선생님은 소수에 지나지 않는다. 시대착오적인 선생님이 존재하는 것은 어느 시대에나 마찬가지인가 보다.

내가 공부법을 공부하기 시작한 것은 이 같은 선생님에 대한 반발심에서 비롯되었던 것 같다. 고등학교 시절 꽤 유명했던 한 수학 선생님에게 "왜 로피탈 정리를 가르쳐주지 않느냐"고 물었더니, "학습지도 안내서에 나와 있지 않기 때문"이라며, "필요하면 찾아보라"는 대답이 돌아왔다.

로피탈의 정리를 사용하면 간단하게 극한값을 구할 수 있어 일부 계산 문제는 풀기가 한결 수월하다. 이렇게 유효한 지식을 가르쳐 주지 않는 것은 스마트폰 시대에 예전 폴더폰 사용을 권하는 것이나 다름없다.

원래 공부란 위대한 선인들의 가르침에 자신의 생각을 쌓아가는 작업이다. 요즘처럼 자동차가 보급된 시대에 일부러 자동차를 재발명할 필요는 없는 것 아닌가.

수학 선생님에게 실망한 나는 그 선생님이 가르친 어떤 학생보다 좋은 점수를 얻어야겠다는, 지금 생각하면 좀 치기어린 마음을 먹었다. 그 후 수학시간에는 선생님의 수업을 듣지 않고 스스로 터득한 과학적인 공부법으로 공부했다. 그 결과 학년에서 최고 점수를 얻었다.

그리고 무엇보다 좋았던 것은 그렇게 과학적으로 효율적인 공부법을 익힌 덕에 그 이전보다 공부가 즐거워졌다는 점이다.

효율적인 공부법을 익히는 일은 게임의 규칙을 배우는 과정과 흡사하다. 체스를 할 때 말 움직이는 법을 모르면 즐길 수가 없지만 일단 규칙을 알면 구체적인 전략을 세울 수 있다.

이런 식으로 공부하는 법을 터득하면 '어떤 과목에 몰두하는 시간과 복습하는 시간'을 합리적으로 생각할 수 있게 된다. 이렇게 되면 그렇게도 싫던 공부가 게임 성격을 띠게 되어 누가 강요하지 않아도 뭔가를 알고 싶어 안달하게 된다.

그런 의미에서는 나에게 공부법을 생각하게 만든 수학 선생님이 고맙기 그지없다.

이처럼 교육 현장에서는 옛날 그대로의 비효율적인 공부법을 별 생각 없이 답습하는 경우가 많다. 그렇게 해서는 아무리 시간을 들여도 좋은 성과는 얻을 수가 없는데도 말이다.

효율적으로 공부하기 위해서는 과학적으로 증명된 올바른 기술만을 활용해야 한다. 하루라도 빨리 귀중한 시간을 최대한 효과적으로 사용하는 '초효율 공부법'으로 전환해야 한다.

과학적으로 밝혀낸
효율적이지 못한 공부법 7가지

그러면 우선 올바른 공부법을 설명하기 전에 사람들이 많이 권하지만 과학적으로 보면 사실 효율이 나쁜 공부 사례를 살펴보겠다. 과학적으로 봤을 때 그다지 효율적이지 않은 공부법에는 어떤 것이 있을까?

2013년 미국 켄트주립대학이 과거에 발표한 공부법 논문을 모은 후 다양한 조사와 실험을 거쳐 정말로 효과가 있는 공부법을 선별했다.

체크 대상이 된 실험 데이터는 200건이 좀 넘었다. 여기서는 '교과서 반복해서 읽기'나 '요약하기' 등 흔히 사용하는 공부 방법을 엄선해, 그 공부법이 연구에서 효과가 있는 방법으로 인정받았는지를 알아봤다.

그중 '효율적이지 못하다'는 판정을 받은 공부법은 다음과 같이 7가지였다.

- **1 : 형광펜으로 표시하기나 밑줄 긋기**
- **2 : 말 바꾸어 외우기**
- **3 : 텍스트 요약하기**
- **4 : 여러 번 반복해서 읽기**
- **5 : 집중학습**
- **6 : 자신의 공부 스타일에 맞추기**
- **7 : 잊어버리기 전에 복습하기**

위의 7가지 다 많은 학교와 학원에서 가르치는 방법이며, 많은 학생들이 실천하고 있는 공부법이다. 그런데 대체 이들 공부법의 어디가 문제라는 것인가? 무엇이 효율적이지 못하다는 것일까? 지금부터 한 가지씩 설명해 보겠다.

형광펜으로 표시하기나 밑줄 긋기

비효율 공부법 1

대표적인 비효율적 공부법의 하나가 형광펜으로 표시하기 또는 밑줄 긋기다. 누구나 한 번쯤은 교과서나 참고서의 중요하다고 생각하는 부분에 형광펜이나 볼펜으로 표시해 봤을 것이다.

그런데 대부분의 심리학자는 형광펜 표시나 밑줄 긋기를 일시적인 자기 위안에 지나지 않는다고 말한다. 외우고 싶은 것을 뇌에 담기 위해서 형광펜으로 표시하거나 밑줄을 그을 필요가 전혀 없다는 것이다.

교과서에 형광펜으로 표시해둔 것을 보면 인간의 뇌는 '이것이 중요한 요점이구나'라고 자동적으로 판단한다. 그러고는 중요한 곳을 체크했다는 안도감에 마음이 편안해지는 느낌이 든다.

여기까지는 괜찮지만 문제는 밑줄을 긋는 등의 중요 표시를 했다는 것만으로 뇌가 만족해 버린다는 점이다. 이때 뇌는 어디까지나 '중요한 정보'를 선별했을 뿐 '이 내용은 외워둘 가치가 있다'고까지는 생각하지 못한다. 이렇게 되면 공부한 내용이 머리에 들어오지 않는 것은 당연하다.

게다가 형광펜으로 표시하거나 밑줄을 그어놓으면 뇌는 특정 정보에만 의식을 집중시키기 때문에 더 중요하고 필요한 전체 흐름을 파악하기 어려운 단점도 있다.

예컨대 '600년에 수나라에 사신을 보냈다'는 정보에 형광펜으로 표시를 하면 우리의 뇌는 연도와 역사 용어에만 주의를 기울인다. 하지만 여기서 정말 중요한 것은 '당시 일본이 어떤 상황이었으며, 왜 수나라에 사신을 보내야 했는지'를 큰 흐름으로 파악하는 일이다.

그런데도 뇌는 형광펜으로 표시한 곳만 주위를 기울이기 때문에 전체적인 정보를 파악하는 데 어려움을 겪게 된다. 그렇기 때문에 암기 위주의 객관식 문제에는 대응할 수 있지만, 응용 문제나 서술형 문제에는 대응할 수 없는 단편적인 지식만이 머리에 남게 된다.

말 바꾸어 외우기

비효율 공부법 2

효율적이지 못한 공부법 두 번째는 단어를 간단하게 바꾸거나 숫자를 단어나 문장으로 바꾸어 외우는 방법이다.

예컨대 조선 왕조 이름을 외울 때 '태정태세 문단세' 하는 식으로 외운 경험이 한 번쯤은 있을 것이다(한국 독자가 이해하기 쉽도록 일부 수정 - 옮긴이). 사실 이 방법으로 외우면 기억에 남기기 쉬운 장점이 있고 시험을 볼 때도 나름 도움이 된다.

화학 수업에서 많이 쓰는 원소주기율표도 '수헬리베 붕탄질산…'처럼 원소기호의 앞 글자를 딴 다음 네 글자씩 끊어 리듬감을 살려 외우면 기억하기 쉽다.

하지만 이 방법은 단순한 기억술에 불과해, 지식을 활용 가능한 형태로 익히려고 한다면 거의 도움이 되지 않는다. 물론, 원소 문제가 나왔다면 '수헬리베 붕탄질산…'라고 하나씩 확인해 나가면서 답을 찾을 수도 있다.

하지만 이 방법으로는 주기율표의 세로와 가로 열에 어떤 의미가 있는지는 알 수 없다. 예컨대 '1족 원소에는 어떤 특징이 있는가?'라고 물으면 '수헬리베 붕탄질산…'만 외워서는 문제를 풀기 어렵다.

주기율표는 '원소를 원자번호와 성질에 따라 배열한 표'이다. 그런데 주기율표를 통째로 외워서는 '원소의 순서' 이외의 정보를 놓치기 쉽기 때문에 깊이 있는 이해로 이어지지 않고, 결국 활용할 수 없는 쓸모없는 기억이 되어 버린다.

예전 시험이라면 이러한 암기 중심의 공부법으로도 결과를 낼 수 있었을지도 모른다. 하지만 이제는 단순한 지식의 유무만을 묻는 시험문제는 줄어들고 있다. 앞 글자만 따서 외우면 임시변통의 정보밖에 몸에 붙지 않아, 실전 테스트에 대응하지 못할 가능성이 매우 높다.

비즈니스와 일상생활에서도 마찬가지다. 우리가 풀어야 하는 일상적인 문제의 배경에는 반드시 다양한 맥락이 존재한다. 왜 그 문제가 일어났는지, 어떤 현상과 관련이 있는지 등을 파악해 두지 않으면 그 문제의 근본적인 해결은 기대하기 어렵다.

쇼핑 목록이나 단기 작업을 위해서라면 앞 글자만 따서 외우는 방법도 효과가 있다. 하지만 주변의 맥락과 함께 이해해야 꺼내 쓸 수 있는 유용한 지식이 되는 것은 확실하다.

텍스트 요약하기

효율적이지 못한 공부법 세 번째는 '텍스트 요약하기'다. 역사의 흐름을 노트 한 페이지에 정리해 보거나, 수학의 중요 공식 중에서 수학 방정식만 뽑아 늘어놔 보는 식의 공부법은 많은 학생들이 자주 사용하는 방법이다. 너무나 자주 사용하는 일반적인 방법이라 그렇게 해서는 안 된다고 말하면, 대부분 이해하기 어려울 것이다.

하지만 '텍스트 요약하기'의 문제는 '요약을 잘하기가 어렵다'는 점에 있다. 요약을 잘하기는 생각처럼 간단한 일이 아니다. 구체적으로 말하자면, 요약을 잘하기 위해서는 다음 사항을 충족해야 한다.

- **정보의 전체적인 흐름을 이해한다.**
- **텍스트의 중요한 부분을 파악한다.**
- **요점을 하나의 짧은 정보에 재구성한다.**

선생님들은 요약해 보라고 쉽게 말하지만 그 작업을 하는 데는 대량의 정보 처리가 행해지기 때문에 뇌에 큰 부담을 준다. 요약하는 일은 결코 간단한 작업이 아니다. 교육학 분야의 권위자인 켄트주립대학 존 던로스키(John Dunlosky) 교수는 "요약을 잘하려면 대학생조차도 장시간의 훈련이 필요하다"고 주장한다.

그만큼 요약을 잘하는 사람의 머릿속에는 처음부터 적절한 정보가 정연하게 입력되어 있을 가능성이 크다. 이는 요약을 잘하는 사람들은 요약할 필요가 없다는 말이기도 하다. 키워드를 뽑아내 써보라고 지도하는 선생님도 많지만, 아무리 키워드를 나열해 봐도 정보의 전체적인 흐름을 이해하지 못하면 요약하기 힘들다.

따라서 요약을 강조하는 선생님은 학생의 뇌에 상당한 부담을 주었을 가능성이 많다. 요약하기는 큰 효과가 없거나 있다 하더라도 특수한 경우에만 해당되는, 에너지 손실이 큰 공부법이라고 하지 않을 수 없다.

요약을 하는 데는 요령이 필요한데다, 어떤 조건을 충족해야 요약이 유효한 공부법이 될 수 있다. 이에 대해서는 제2장에서 자세하게 설명한다.

여러 번 반복해서 읽기

비효율 공부법 4

효율적이지 못한 공부법 네 번째는 '반복 읽기'다. 이것도 하지 말아야 할 공부법이다. 이것은 '교과서나 참고서를 여러 번 반복해 읽는 공부법'을 말한다. 어떤 책에서는 "하루에 30분씩 텍스트를 읽기만 해도 지식이 머리에 들어와 박힌다"고 단언하기까지 한다. 과연 그럴까?

반복해 읽으면 자연히 공부 시간이 길어지기 때문에 아무래도 효과가 높을 것 같다는 느낌이 들 수도 있다. 그런데 실제로 실험해 본 결과, 반복 읽기가 효과적이라고 인정한 예는 없다. 물론 하지 않는 것보다야 낫겠지만, 들인 시간에 걸맞은 성과를 얻기는 어렵다.

반복 읽기가 효율적이지 못한 이유는 무엇일까? 바로 수동적인 공부법이기 때문이다.

텍스트를 반복해서 읽으면 확실히 정보를 접하는 양은 늘어나기 때문에 공부를 많이 한 것 같은 기분을 맛볼 수 있다. 하지만 단지 텍스트를 여러 번 반복해 읽는 것만으로는 '이전에 다른 참고서에서 본 것과는 다른 풀이법인데'나 '왜 황태자 암살이 세계적인 전쟁으로 발전했지?' 같은 의문을 품을 수가 없다.

원래 인간의 뇌는 흥미를 끌 수 없는 정보는 받아들이지 못하도록 만들어져 있다. 여러분 중에도 페이지 수는 넘어가지만 내용이 전혀 머리에 남지 않았던 경험을 해 본 사람이 많을 것이다.

이 현상을 막기 위해서는 눈앞의 텍스트를 항상 의문을 갖고 대해야 한다. 예를 들어, '1543년 포르투갈 사람을 태운 중국 상선이 표류하다가 다네가시마(種子島)에 도착했는데…'라는 텍스트를 읽고 즉시 공부에 대한 동기유발이 되는 사람은 거의 없을 것이다. 이는 문장을 대하는 방식이 수동적이기 때문이다.

하지만 이 텍스트를 '일본에 온 최초의 유럽인은 어느 나라 사람인가?'라고 퀴즈식 의문형으로 바꾸면, 무심결에 대답을 생각할 것이다. 수동적인 요소가 줄어든 탓에 뇌가 정보에 흥미를 되찾았기 때문이다.

당신이 만약 자신의 공부법 효율에 의문이 있다면, '내 공부법이 수동적인 것은 아닐까'라고 생각해 보라. 이것만으로도 효율적인 공부법과 효율적이지 못한 공부법을 분별하는 실마리를 찾을 수 있다.

집중학습

비효율 공부법 5

효율적이지 못한 공부법 다섯 번째는 '집중학습'이다. 집중학습이란 '한 과목이나 단원을 몇 시간에 걸쳐 철저하게 공부하는 방법'을 말한다. 현재완료형을 알고 싶다면 현재완료형만을, 벡터를 이해하고 싶다면 벡터만을 몇 시간이고 파고드는 방법이다. 많은 사람들이 이런 식으로 공부한다.

하지만 이 방법은 공부법으로는 비효율적이다. 집중해서 파고들어도 기억이 오래 가지 못한다. 1주일 정도만 지나면 대부분의 정보를 잊어버린다는 사실이 다수의 데이터에서 밝혀졌다. 더 큰 문제는 이렇게 얻은 지식이 응용으로까지 연결되지 못한다는 점이다.

왜 집중학습은 효과가 없는 것일까? 최근 연구에 의하면 인간의 뇌는 상황에 따라 두 가지 모드로 전환하는 것으로 알려졌다.

- **집중모드 : 눈앞의 정보에 주의 깊게 의식이 향하는 상태**
- **완화모드 : 긴장이 풀려 사고가 자유로운 상태**

물론 집중학습을 할 때는 집중모드가 사용된다. 이때 머리는 분석하는 힘이 커져 눈앞의 정보를 이해하기 위해 풀가동한다. 하지만 집중모드만으로는 지식을 자기 것으로 만들기는 어렵다.

집중모드를 사용하면 예컨대 '점화식 풀이법이란?'처럼 특정 정보에 대해 이해하기는 쉽다. 하지만 집중모드를 완화모드로 전환하지 않으면 '점화식을 함수방정식에 사용하려면?' 같은 지식의 확산이나 응용으로까지는 나아가지 못한다. 'This is a pen.'이라는 문장은 읽을 수 있어도, 이 지식을 원어민과 대화하는 데는 활용하지 못하는 것과 같다.

이때 필요한 것이 완화모드다. 완화모드일 때는 사고가 자유롭기 때문에 머릿속에서 다양한 정보가 결합되어 새로운 발상을 만들어낸다.

아무리 생각해도 답이 나오지 않던 문제가 샤워하던 중에 갑자기 풀린 경험을 한 사람도 많을 것이다. 이러한 현상은 샤워로 인해 몸이 풀린 탓에 뇌에 있던 개별 정보들이 결합되었기 때문에 일어난다.

응용할 수 있는 유용한 지식을 습득하기 위해서는 적당한 휴식이 필요하다. 집중모드로만 공부를 계속해서는 응용문제에 대한 대응력을 키울 수가 없다.

완화모드를 이끌어내는 올바른 휴식법은 제4장에서 자세하게 설명하겠다.

자신의 공부 스타일에 맞추기

여기서 말하는 '공부 스타일'이란 '개인의 취향에 따른 공부 방법'을 말한다.

글을 읽는 것을 좋아한다면 독서를 중심으로 공부하고, 음성 학습을 좋아한다면 오디오북을 사용하는 등 자신이 좋아하는 스타일의 공부법을 선택하는 식이다. 이 방법은 대단히 합리적인 공부법이라 생각되기 때문에 많이 권하는 공부법이다. 최근에 일본에서도 많은 학생들이 적용하고 있는 공부법이다.

그러나 안타깝게도 많은 연구에서 "결코 권하고 싶지 않은 공부법"이라 밝히고 있다. 최근에도 인디애나대학이 수백만 명의 데이터를 검증한 후 "자신이 좋아하는 스타일로 공부한 학생들의 시험 점수는 전혀 향상되지 않았다"고 보고했다.

그 대신 성적이 좋은 학생들은 특정 공부법을 이용하는 경향이 있음을 확인했다. 우수한 학생일수록 쓸데없는 공부법에 현혹되지 않고 단 하나의 원리에 따라 공부한다는 것이다.

그 공부법의 정체는 제2장에서 밝히겠지만, 어쨌든 자신이 좋아하는 스타일로 공부하는 것은 비효율적이다. 정말 효과 있는 공부법에는 개인차 같은 것이 없다.

비효율 공부법 7

잊어버리기 전에 복습하기

복습은 공부의 왕도이다. 한 번 공부해서는 정보가 머리에 들어가지 않는다. 질릴 정도로 복습을 반복하지 않으면 활용 가능한 지식이 뇌에 저장되지 않는다. 이것은 과거의 심리실험에서 여러 번 증명된 사실이며, 앞으로도 달라지는 일은 없을 것이다.

하지만 많은 사람들이 잘못 알고 있는 것은 복습 타이밍이다. 어린 시절 누구나 한 번쯤은 선생님한테 "오늘 한 공부는 잊기 전에 복습하라"는 말을 들어봤을 것이다. 의심의 여지가 없는 말처럼 들릴 수도 있으나, 이 또한 과학적으로 이미 부정된 조언이다.

미국에서 실시한 한 실험에서 복습 시간을 다양한 패턴으로 나누고, 어떤 방식으로 복습하는 것이 가장 좋은지 확인했다. 결과는 대략 다음과 같다.

- **공부한 내용을 잊기 전에 복습한 학생은 학기말 성적이 가장 나빴다.**
- **시험 성적이 좋았던 그룹은 배운 것을 잊어버리기 시작한 시점에서 복습한 학생이었다.**

'잊기 전에 복습하라'는 조언은 완전히 잘못된 것이며, '잊어버리기 시작하는 시점에서 복습하는 것'이 옳은 공부법이라는 것을 알 수 있다.

이런 현상이 일어나는 것은 기억의 메커니즘에 원인이 있다. 우리의 뇌는 진화 과정에서 가능한 한 쓸데없는 에너지를 사용하지 않도록 발달했다. 마감이 닥치기 전에는 일할 마음이 생기지 않거나 좀처럼 운동 습관이 몸에 붙지 않는 이유는, 뇌가 편하고 싶기 때문이다.

그렇기 때문에 잊기 전에 복습을 하면 뇌는 다음과 같이 생각하기 시작한다. '이미 알고 있는 정보니까 기억하지 않아도 되겠는데….'

결과적으로 모처럼의 복습은 머리에 남지 않고 무의미하게 시간을 보낸 격이 되어 버린다. 그러나 잊어버리기 시작할 때 복습하면 뇌는 이렇게 반응한다. '일부러 생각해 내려고 하는 걸 보니

이 정보는 중요한 모양이다. 제대로 기억해 두자!'

생각해 내는 작업이 뇌에 자극을 주어 기억의 정착으로 이어진다는 것이다. 매우 중요한 사항이니까 꼭 기억해두기 바란다.

지금까지 과학적으로 밝힌 비효율적 공부법을 살펴보았다. 혹시 자신이 해 온 공부법이 잘못됐음을 알고 공부할 의욕이 생기지 않는 사람이 있을지도 모르겠다. 하지만 안심하기 바란다. 과학적으로 검증된 효율적인 공부법도 이미 나와 있으니까.

효율적인 공부법의 중요한 요점만 파악해 두면 이제 '공부해도 성과가 나지 않는 것은 내 머리가 나쁘기 때문'이라고 고민할 필요가 없다. 학습의 메커니즘을 이해하면 누구나 짧은 시간에 큰 성과를 낼 수 있다. 과학적인 공부법은 만인에게 열려 있는 창이다.

과학적으로 밝혀낸 효율적이지 못한 공부법 7가지

1 형광펜으로 표시하기나 밑줄 긋기

2 말 바꾸어 외우기

3 텍스트 요약하기

4 여러 번 반복해서 읽기

5 집중학습

6 자신의 공부 스타일에 맞추기

7 잊어버리기 전에 복습하기

제2장

'초효율 공부법'의 기본

효과가 높은 공부법에는 단 하나의 공통된 특징이 있다

Intro

세상에는 다양한 공부법이 존재한다.

이미지로 기억하는 연상법, 한 권의 참고서를 여러 번 반복해 읽기, 소리 내서 읽기 등등. 이런 공부 방법에는 나름의 장점이 있기 때문에, 쓸모 있는 공부법 하나만을 꼽기란 아주 힘들다.

하지만 정말로 효과가 높은 '초효율 공부법'에는 공통적인 하나의 특징이 있다. 뛰어난 영화나 소설은 스토리가 제각각이지만 스토리의 기본 요소는 비슷한 것처럼, 얼핏 보면 다른 공부 방법 같아도 실제로는 같은 요소의 변형에 지나지 않는다.

그 유일한 한 가지는 과연 무엇일까?

결론부터 말하면, 바로 능동 학습(active learning)이다.

능동 학습이란 말에서 알 수 있듯이 적극적(active)으로 공부(learning)에 몰두해 나가는 학습 방법이다. 강사의 설명을 듣고 필기를 하는 것 같은 수동적인 자세가 아니라, 자신이 스스로 생각해 문제를 발견하고 해결해 나가는 공부 방법, 이것이 능동 학습이다.

능동 학습법은 수십 년에 걸친 데이터의 축적이 있는 효과적인 공부법이다. 많은 실증 데이터에서 '효과가 높은 공부법은 능동 학습 요소를 갖추고 있다'는 결론을 내고 있다.

당연하게 생각하는 사람도 많을 것이다.

소극적인 태도로 공부하기보다 적극적으로 임해야 성과가 나온다는 것은 누구나 아는 사실이다. 강사가 '지금 공부한 내용을 옆 사람에게 가르쳐 보라'고 해서 마지못해 따라 해 본 경험이 있는 사람도 있을 것이다.

이처럼 현재의 능동 학습은 몇몇 선생님의 수업이나 강의 같은 제한된 시간에 사용되는 경우가 대부분이다. 그것도 참석자가 적극적인 의식이 없는 가운데 진행되기 때문에 효과는 매우 제한적이다.

내가 이 책에서 강하게 주장하는 것은 '지나치게 적극적일 정도로 능동적으로 학습하라'는 것이다.

'예습, 정기적인 테스트, 복습, 취미로 하는 만화나 게임, 잠자기 전의 릴렉스 시간' 등 수업이나 강의 시간뿐만 아니라 일상의 모든 상황을 능동 학습의 실천 장소로 바꾸자는 것이다.

'지나치게 적극적일 정도의 능동 학습화'란 어떻게 하라는 말인가? 우선 나의 개인 실천 사례를 예로 들어보겠다.

지나치게 적극적일 정도로 능동적으로 학습하라

나의 능동 학습 2가지

내 성적을 급상승시킨 '뒤죽박죽 섞어서 공부하기'

내가 지나치게 적극적일 정도로 능동 학습을 실천하기 시작한 것은 대학입시를 준비할 무렵부터다.

독자 여러분이 알고 있는 것처럼 《블루 차트》는 파란색 표지로 유명한 고등학교 수학 참고서다. 아주 두꺼운 이 책은 지금도 수험생에게 선호도가 높다.

이 참고서로 공부할 때 대부분은 첫 페이지의 기본 예제부터 풀어간다. 나도 그랬고 내 친구들도 그랬다. 하지만 그렇게 하면 싫증이 나서 전반부도 마치지 못하고 포기하고 싶어진다. 역사 공부를 할 때에도 에도시대 정도까지 하고나면 의욕이 떨어져 중요한 근현대사를 소홀히 하는 경우가 많다.

그래서 나는 다음과 같이 공부하기로 마음먹었다.

우선 모든 내용을 대충 훑어보고 '이런 공식이 있구나', '이런 문제가 있구나' 하는 식으로 개요를 대략 머리에 넣는다.

이 시점에서는 암기가 목적이 아니기 때문에 어디까지나 가볍게 봐두는 것이 포인트다. 이런 방식으로 하면 참고서 두께에 압도되지 않고 끝까지 훑어볼 수 있다.

대략 1주일 동안 전체를 읽은 후, 나는 아무도 하지 않던 방법으로 능동 학습을 시도했다.

제본 부분을 잘라 책을 낱장으로 만든 후, 낱장이 된 참고서를 섞어 페이지 순서를 뒤죽박죽으로 만들었다. 순서는 완전히 엉망이 되어 이차함수의 페이지 다음에 갑자기 행렬이 나타나고 그 다음에는 벡터, 삼차함수가 이어졌다. 나는 이 책을 매일 학교에 가지고 가 뒤죽박죽이 된 순서대로 풀어나갔다.

그야말로 카오스, 뇌속은 혼란 상태였다.

수학 참고서 뒤죽박죽 섞어서 공부하기

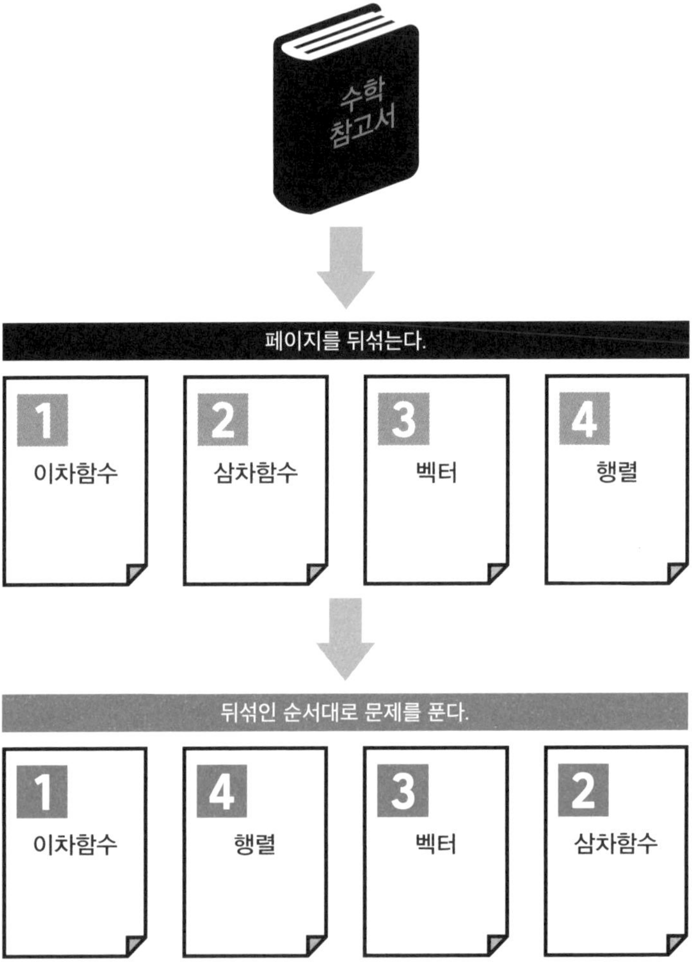

'뒤죽박죽 섞어서 공부하기'로 얻은 3가지

'이게 가능한 공부법인가'라고 고개를 갸우뚱하는 독자도 있겠지만, 나는 이 공부법에서 여러 가지 장점을 실감할 수 있었다.

첫째, 응용문제에 강해졌다. 다양한 문제 유형에 무작위로 노출되면서 문제를 푸는 방법의 폭이 넓어졌기 때문이다.

공부한 것을 시험에서 제대로 발휘하려면 몇 가지 문제 푸는 방법을 조합하는 능력이 있어야 한다. 어떤 문제는 여러 방식의 해법을 요구하는 경우가 있다. 이차함수 문제로 보였으나 사실 벡터 지식이 필요한 사례도 흔하다.

보통 참고서를 첫 페이지부터 공부하다 보면 이러한 응용문제에 대한 대응력이 떨어진다. 벡터를 다루는 장에서는 뇌의 의식이 벡터 문제를 푸는 방법에만 매달리고, 삼차함수의 장에서는 삼차함수에만 의식이 향하기 때문에 하나의 해법이 다른 해법으로 이어지지 않아, 응용하기 어려운 경우가 많다.

두 번째 장점은 시험에 강해졌다는 점이다.

실제 시험에서는 교과서 순서대로 문제가 나오지 않는다. 삼차함수 뒤에 행렬 문제가 나오고, 곧바로 미적분으로 이어진다. 평소에 이런 상황에 적응 훈련이 안 되어 있다면, 당황해서 능력을 제대로 발휘하기 어렵다.

그런데 내 방식으로 문제를 풀면 삼차함수 뒤에 벡터가 나오는 혼란 상태에 익숙해지기 때문에 전혀 문제가 없다. 이것은 나 자신도 상상하지 못했던 이점이었다.

세 번째 장점은 공부에 싫증을 느끼지 않게 되었다는 점이다. 사실 공부의 가장 큰 적은 '싫증'이다. 아무리 좋은 공부법을 알고 있다 해도 오래 계속하지 못한다면 실력이 붙지 않는다.

공부를 꾸준히 하는 사람이 많지 않은 이유는 '앞을 예측할 수 있는 공부법'을 실천하고 있기 때문이다.

참고서를 차례로 읽다가 만약 벡터를 다룬 장에 들어가면, 우리의 뇌는 자연스럽게 '이 뒤에는 계속해서 벡터 문제가 나오겠지' 하고 예측하기 때문에 거기서 새로운 자극을 얻지 못한다. 이것은 싫증으로 이어진다.

하지만 인기 있는 영화나 드라마는 어떤가?

'다음에 어떻게 될까' 하는 흥미를 불러일으켜 계속 스토리에 빠져들게 한다. 게다가 시청자 스스로가 스토리의 전개를 예측해 보기도 하기 때문에, 자연스럽게 능동 학습에 가까운 상태가 된다. 이것이 우리 머리가 흥미롭게 보았던 영화나 드라마를 오랫동안 기억하는 이유이다.

내가 사용한 공부법도 원리는 이와 똑같다. 뒤에 이어지는 내용을 예측하기 어렵기 때문에 같은 내용의 공부를 계속하는 것보다 흥미가 오래 지속돼 싫증내지 않고 공부를 계속할 수 있었던 것이다.

능동 학습의 2가지 포인트

물론 '뒤죽박죽 섞어서 공부하기'는 너무 극단적이어서 여러분에게 이 방법을 권하는 것은 아니다. 어디까지나 '지나치게 적극적일 정도의 능동 학습'의 한 예로 나의 이야기를 했을 뿐이다.

그래서 이제부터는 능동 학습을 더 간단하고 확실하게 실천하는 방법을 살펴보겠다. 각 기관과 전문가들이 수십 년에 걸쳐 연구한 데이터를 정리해 보면 공부를 능동적으로 학습화하는 방법은 크게 두 가지로 나누어진다.

1. 상기 
2. 재언어화 

첫 번째 '상기(想起)'는 간단히 말하면 '기억해 내기'이다. 앞에서도 언급했듯이 인간의 뇌가 가장 활발하게 움직여 머리에 정보를 새겨 넣는 데 가장 좋은 시기는 기억해 내려고 애쓴 직후다.

'모의고사는 몇 번이라도 보라'는 조언을 흔히 하는데, 이것은 과학적으로도 근거가 있다. 모의고사를 보면 시험에 익숙해질 뿐만 아니라 필요한 정보를 기억해 내려고 노력하기 때문에 뇌는 좋은 방향으로 강화된다. 문제집을 풀면서 '어? 여기에 사용해야 할 공식이 뭐였더라?' 하고 생각할 때마다 우리의 뇌에서는 뉴런이 다시 조합되어 공부에 적합한 상태로 바뀌어간다.

'상기'는 바로 능동 학습의 가장 큰 기둥이며, 그 중요성은 아무리 강조해도 지나치지 않는다. 자신의 공부법을 검토할 때는 '상기하는 작업을 어디에 넣을 것인가?'를 생각하기 바란다.

두 번째로 중요한 것은 '재언어화(再言語化)'다. 재언어화란 쉽게 말하자면 '자신의 말로 바꾸기'이다.

예를 들어 영어의 전치사 'on'의 사용법을 생각해 보자.

여기서 가장 좋지 않은 방법은 on을 '~위에, ~에, ~에 면해서' 등 사전에 나온 뜻 그대로 외우는 것이다. 이렇게 외우면 전혀 적용할 수 없어 'on your honor' 등의 문구를 보았을 때 '왜 명예에 on을 사용한 걸까'라는 의문이 생긴다.

그 다음으로 좋지 않은 방법이 'on the desk'나 'on Monday'처럼 문구를 통째로 암기하는 것이다. 이런 방식도 'He's on drugs' 등의 특수한 사례를 보면 머리가 굳어버린다.

하지만 여기서 'on은 구체적인 물건에만 국한되지 않고, 어쨌든 뭔가에 접촉하고 있는 거다'라고 자신의 말로 표현해 보면 어떨까? 물론 이렇게 해도 on을 완벽하게 구사하는 데는 어려움이 있지만, 적어도 예문을 통째로 암기하는 것보다는 이해하기 쉽다.

요컨대 재언어화는 '뭔가를 기억하는 것'보다 '뭔가를 이해하는 것'에 포인트가 있다. 어려운 수학 개념이나 영어의 완료형처럼 의미를 파악하기가 까다로운 정보는 자신의 말로 재언어화해 보라.

만약 이해하기 어려운 텍스트를 만나면 '알기 쉽게 바꾸어 말하면 어떻게 될까?'라고 생각해 보는 것이 능동 학습의 기본이다.

재언어화에 대해서는 다음(87쪽)에서 자세히 설명하겠다. 우선 '상기'부터 생각해 보자.

능동학습 1

상기, 떠올리려고 애써라

'상기'에 필요한 3가지 테크닉

드디어 능동 학습의 실천편이다. 우선은 공부에서 가장 중요한 '상기'를 능숙하게 구사하기 위한 구체적인 방법을 살펴보자.

미리 말해두지만 이 책에서 가장 중요한 키워드는 '상기'와 '재언어화'다. 일상의 모든 상황에서 능동적으로 학습하는 방법을 다루기 때문에 다양한 상기 방법을 소개할 것이다.

하지만 여기에서 소개하는 모든 상기 방법을 사용할 필요는 없다. 어느 한 가지만 적용해 봐도 공부 효과는 분명히 올라간다. 그러니까 우선 대충 훑어보고, 맘에 드는 것부터 실천하면 된다.

퀴즈로 만들어라

상기 1

머릿속에서 기억을 쪽지 시험화하라

상기법의 첫 번째 기술은 '퀴즈화'다. 기억하고 싶은 정보를 퀴즈로 만들어서 기억하는 방법이다.

단어 카드, 교재 암기, 모의고사, 문제집 등이 퀴즈화의 대표적 예다. 의식적으로 정보를 생각해 내려는 요소가 포함되어 있다면 그것은 모두 퀴즈화가 된다.

심리학에서는 '검색 연습'이라고 불리는 수법으로, 연구에 의하면 단순히 텍스트를 반복해서 읽는 것에 비해 50~70퍼센트나 효율이 높은 것으로 알려져 있다. 그 높은 효과는 의심할 여지가 없다.

그렇다면 어떻게 자연스럽고 효과적으로 퀴즈화를 할 것인가. 한 단락이 끝나면 그에 해당하는 문제를 풀어보는 것도 한 방법이다. 그러나 나는 여기서 좀더 능동적인 퀴즈화 방법을 소개하고자 한다.

이 책에서 제안하고 싶은 것은 '모든 공부를 퀴즈화할 수 없을까?'라고 생각하는 것이다.

미니 테스트화

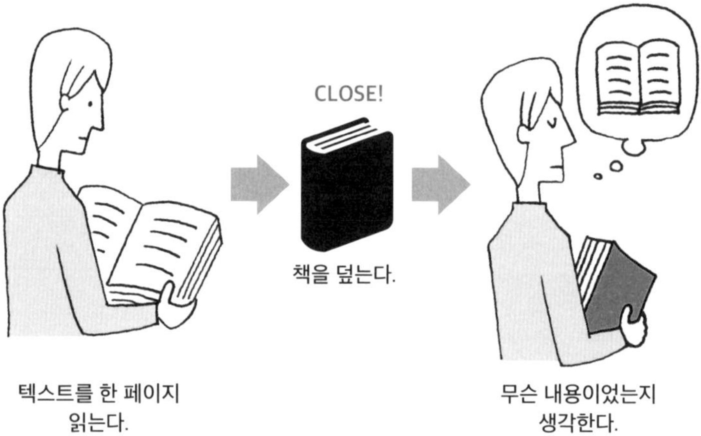

예컨대 나는 책을 읽을 때 다음처럼 퀴즈화한다.

1. 텍스트를 한 페이지 읽고 나서 일단 책을 덮는다.

2. 지금 읽은 페이지에 무슨 내용이 있었는지를 생각한다.

여기서 생각하는 것은 주로 자신이 흥미를 느꼈던 곳이다. '이 페이지에서 중요한 점은 이것인데, 설명하는 방법이 독특하고 재미있다' 등등 머릿속의 기억을 체크한다. 읽을 때마다 쪽지 시험을 보는 식이다.

'이제 막 읽은 페이지니까 즉시 기억나지 않을까'라고 생각할지도 모르지만, 실제로 해보면 그렇지 않다는 걸 알 수 있다. 우리의 기억력은 아주 모호해서 적당한 곳에 '상기'의 단계를 끼워 넣지 않으면 몇 초 전에 목격한 정보조차 제대로 기억해 내지 못한다.

물론 한 페이지를 읽을 때마다 퀴즈화를 하면 시간이 걸리니, 익숙해지면 한 주제마다 혹은 한 단원을 끝내고 나서 퀴즈화를 해보면 좋다. 그것만으로도 텍스트를 대충 훑어보는 것보다는 분명히 학습 효율이 상승한다.

여러분이 이 테크닉을 사용한다면 기본 텍스트일수록 세세하게 퀴즈화하는 것이 좋다. '상기' 하는 횟수가 많을수록 기억에 많이 남기 때문이다. 수험생이라면 학원이나 학교에서 사용하는 교과서를 퀴즈화하고, 직장인이 자격시험을 준비한다면 공식교재나 기본서를 읽을 때 한 페이지마다 퀴즈화해 보라. 분명 큰 효과가 있을 것이다.

필기할 때도 퀴즈화를 적용한다

퀴즈화는 필기할 때에도 사용 가능하다.

1. 텍스트를 읽다가 이쯤에서 정리하고 싶다는 생각이 들면 일단 책을 덮는다.
2. 내용을 떠올리며 노트에 써본다.

텍스트를 보면서 노트에 적어서는 정보가 뇌에 잘 정착되지 않는다. 읽은 정보를 머릿속으로 생각하면서 써야 기억에 새겨진다. 이것이 포인트다.

나는 요즘 음성 인식으로 필기를 하고 있다. 책을 읽다가 기억해 두고 싶은 내용이 나타나면 일단 책을 덮고 스마트폰의 음성 메모를 연다. 그러고는 '프리드리히 하이에크가 쓴 《노예의 길》을 이해하기 위한 3가지 포인트는…' 식으로 소리 내 입력한다.

퀴즈화하기 위한 필기법

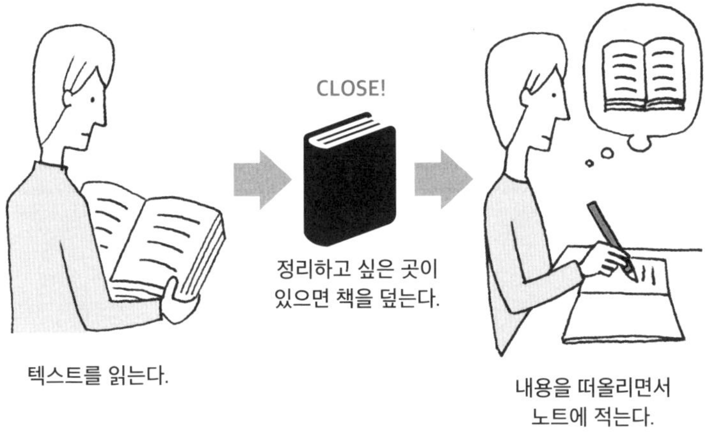

음성 메모를 사용하면 좋은 점은 퀴즈화와 더불어 단기기억도 자극할 수 있다는 점이다. 소리 내서 읽는 것은 잘 알려진 바와 같이 써보는 것보다 실제로 효과가 좋다. 소리를 내면 입과 귀와 눈이 한 덩어리가 되어 움직이고, 그 결과 뇌에 보다 많은 자극이 가기 때문이다.

전문적으로는 이 상태를 '다중감각'이라고 한다. 자세한 것은 5장에서 다루기로 하겠다.

테스트는 그날그날 하는 것이 효과적이다

'테스트'도 대표적인 퀴즈화의 일례다. 시험만 생각하면 질리는 사람도 있겠지만, 효과만 따지면 테스트만큼 효과가 뛰어난 공부법도 없다. 다만 학교 시험의 효과가 떨어지는 것은 빈도가 너무 낮기 때문이다.

중간고사와 기말고사, 여기에 예고 없는 시험이 있다 해도 한 학기에 치르는 시험은 많아봤자 7~8번이 고작이다. 직장인의 자격시험이나 취미생활을 위한 공부라면 테스트를 받을 기회는 더 적다.

과학적으로도 테스트는 최강의 공부법 중 하나로 밝혀졌지만 1학기에 7~8번 정도의 테스트로는 효과를 낼 수 없다. 정말로 학습의 성과를 올리고 싶다면 그날그날 테스트를 해야 한다.

날마다 테스트하는 방법으로는 마음에 드는 문제집이나 기출문제 풀어보기를 생각할 수 있다. 물론 이것만으로도 효과를 얻을 수는 있다.

하지만 나는 여기서 자신이 직접 시험문제를 만들어볼 것을 권하고 싶다. 앞에서 소개한 '퀴즈화 필기법'을 실천하면서 내친 김에 테스트용 문제도 만들어 보는 것이다.

자신이 직접 시험문제를 만든다

공부하다가 기억해 두고 싶은 곳이 있으면 책을 덮는다.

내용을 떠올리며 퀴즈로 변환한다.

노트에 답을 쓰고 나서 접어 그 위에 문제를 쓴다.

1. **공부하다가 기억해 두고 싶은 것이 있으면 책을 덮고 그 정보를 떠올리며 퀴즈로 변환한다.**
2. **노트에 문제의 답을 썼으면 접어 감추고 접힌 부분에 문제를 써 둔다.**

예를 들어 '1955년 인도네시아의 반둥에서 아시아·아프리카 회의가 개최되었다'는 정보가 생각났다면, '1955년 아시아·아프리카 회의가 개최된 곳은?' 식으로 변환하면 된다. '케일리-해밀턴 정리'를 증명하고 싶다면, 이 정리를 활용하는 문제를 만들어 본다.

이처럼 자신의 머리로 문제를 만들어 보면 능동적 학습화가 진행되는 것은 물론 내용에 대한 이해도 깊어진다. 그냥 공부하는 것보다는 내용을 자세하게 이해해야 하기 때문이다. 그야말로 일석이조의 공부법인 셈이다.

마인드맵을 이용해 테스트 문제를 만드는 법

시험문제를 만들 때 나는 '마인드맵'(그림 참조)을 활용한다.

책을 읽다가 그냥 지나치기 어려운 포인트가 있으면 즉시 스마트폰을 꺼내 '아이소트(iThoughts)'라는 마인드맵 앱(다양한 마인드맵 앱이 있다)을 연다. 그러고는 '불안 대책에 좋은 것을 3가지 든다

마인드맵을 활용한 테스트

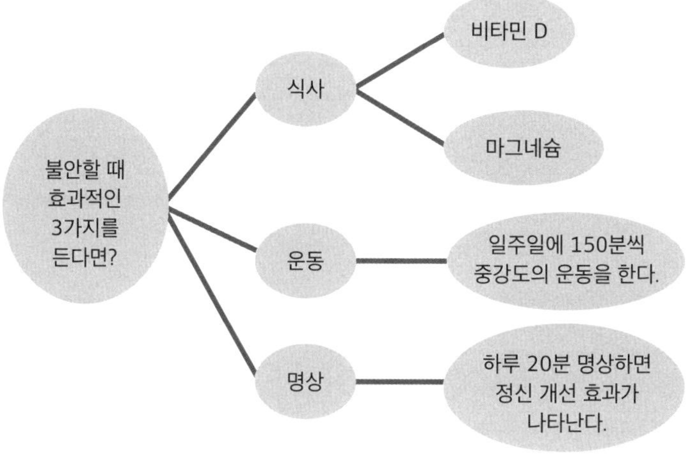

면?' 식으로 문제를 입력하고 가지 부분에 '식사' '운동' '명상'이라고 답을 적는다.

이어 각 가지를 더 나누고 '하루 20분 명상하면 정신 개선 효과가 나타난다'거나 '일주일에 150분씩 중강도의 운동을 한다' 등등 보충 정보를 덧붙여 간다. 이 작업을 몇 차례 반복하다 보면 가지 친 정보별로 시험문제를 만들 수 있다.

다 입력하고 나서 답이 적힌 가지를 숨기면 시험 준비는 완료되고 문제를 터치하면 즉시 해답이 나온다.

굳이 이런 마인드맵 앱을 이용하지 않아도 된다. 언제라도 간편하게 참조할 수 있으면 뭐든지 좋다. 노트에 직접 시험문제를 써도 좋고 노트 필기 앱인 에버노트(Evernote)나 플래시 카드(Flash Card) 등 자신이 익숙한 도구를 사용해도 괜찮다.

비효율적 공부법에 퀴즈화로 활력을 불어 넣는다

퀴즈화의 개념을 잘 사용하면 제1장에서 다룬 '효율적이지 못한 공부법'도 효과적인 공부법으로 바꿀 수 있다.

이를테면 '반복 읽기'라면 다음과 같이 해 보는 것이다.

1. 한 페이지를 반복해 읽었으면 일단 책에서 눈을 뗀다.
2. 방금 읽은 페이지에 적혀 있는 내용의 요점이 뭐였는지 생각해 본다.

이렇게만 해도 수동적 학습인 '반복 읽기'가 능동적 학습으로 바뀐다. 이것은 일반인도 이용해 볼만한 독서술이기도 하다.

'요약'을 퀴즈화하고 싶을 때도 기본적으로는 이와 같이 하면 된다.

1. 책을 읽었으면 덮는다.

2. 기억이 희미해질 때쯤 아무것도 보지 않고 요약한다.

3. 요약한 내용이 정확한지 책과 대조하면서 확인한다.

제1장에서 요약하는 데는 고도의 기술이 필요하다고 했으나, 이와 같은 단계를 거치면 요약한 내용이 머리에 남게 된다. 요약한 내용이 정확한지 확인하면 시험 비슷한 효과도 얻을 수 있다.

여하튼 가장 중요한 것은 '상기의 단계'를 학습 과정 어딘가에 끼워 넣어야 한다는 점이다. 만약 공부는 하는데 성과가 나오지 않아서 고민이라면, 먼저 '퀴즈화할 수 없을까?'를 생각해 보라. 이것이 최강의 공부법을 손에 넣는 첫걸음이다.

Point

- 기억해 두고 싶은 것이 있다면 시험이나 퀴즈처럼 문제를 만들어 보라.
- 소리 내서 읽으면 뇌가 자극되어 기억이 잘 된다.

분산학습으로 뇌가 일을 하게 하라

상기 2

복습의 간격을 조금씩 늘린다

상기법의 두 번째 테크닉은 '분산학습'이다. 분산학습은 '퀴즈화'와 마찬가지로 강력한 효과가 과학적으로 입증된 방법으로, 그 효과를 확인한 데이터는 헤아릴 수 없이 많다.

쉽게 말하면 분산학습이란 '복습의 간격을 조금씩 늘리는 방법'을 말한다. 제1장에서 다룬 집중학습과 달리 일정 기간을 두고 조금씩 뇌에 정보를 보내는 방법이 분산학습이다.

거듭 말하지만 자극을 받은 뉴런이 기억의 네트워크를 구성하기까지는 상당한 시간이 필요하다. 벽돌을 쌓으려면 모르타르가

마르기를 기다려야 하듯이 정보가 뇌에 자리를 잡으려면 반드시 일정한 숙성 기간이 필요한 것이다.

만약 우리의 뇌가 모든 정보를 재빨리 받아들인다면 어떻게 될까?

커피숍에서 받은 와이파이의 패스워드나 1주일 전에 쇼핑한 리스트, 지인의 전화번호처럼 불필요한 기억이 쌓여 있으면 정작 정말 중요한 데이터가 필요할 때 기억의 저장고에서 즉시 꺼내지 못한다. 이러한 사태를 막기 위해 뇌는 시간을 두고 거른다. 그러다가 얼마 후에 같은 정보가 반복해서 들어오면 '이 정보는 잘 사용하니까 찾기 쉬운 곳에 배치해 두자'는 식으로 판단하는 것이다.

그러니까 벡터 공부를 했다면 일단 다른 과목으로 넘어가 3일 후에 다시 벡터 공부를 하는 식의 분산학습을 반복하는 것이 효과적이다.

이 단계를 밟으면 '3일 전에 공부한 벡터 공식은 뭐였지?' 하고 생각하는 상태가 만들어져 우리의 뉴런은 최대한 활성화한다. 이때 비로소 공부한 내용이 머리에 새겨지는 것이다.

뇌에 들어온 정보를 내보내지 않으면, 유용한 지식이 머리에 들어가지 못한다. 그러니까 배운다는 것은 결국 잊어버리는 일이기도 하다.

최고의 복습 타이밍은 언제인가

분산학습을 하는 방법은 여러 가지가 있지만 현 시점에서 가장 신뢰할 만한 것은 연구자 표트르 워즈니악이 과거의 방대한 데이터를 바탕으로 고안한 '인터벌 복습'이다.

1. 첫 복습은 공부하고 나서 1~2일 후에 한다.
2. 2차 복습은 7일 후에 한다.
3. 3차 복습은 16일 후에 한다.
4. 4차 복습은 35일 후에 한다.
5. 5차 복습은 62일 후에 한다.

이 일정은 인간의 기억이 흐릿해져가는 시간의 평균치를 바탕으로 구성한 것이다. 기억한 정보의 양이 90퍼센트까지 줄어든 타이밍에 복습을 하도록 설정되어 있다. 그러니까 장기적으로 공부를 하는 경우는 이 페이스로 복습을 반복하는 것이 좋다.

다만 이것은 어디까지나 평균치를 바탕으로 한 기준이므로 집착할 필요는 없다. 좀 더 여유 있는 기준을 원할 때는 '2×2의 룰'을 활용해도 된다. 2×2의 룰의 방법은 다음과 같다.

1. 첫 복습은 공부하고 나서 2일 후에 한다.
2. 2차 복습은 2주일 후에 한다.
3. 3차 복습은 2개월 후에 한다.

워즈니악이 고안한 것보다는 효과는 떨어지지만 좀 더 편하게 하고 싶을 때나, 그다지 우선순위가 높지 않은 과목을 공부할 때 매우 유용하다.

'인터리빙'으로 분산학습의 효과를 최대한 끌어올린다

분산학습에서 파생된 '인터리빙' 기법도 학습 효율을 높이는 데 효과가 있다.

인터리빙(interleaving)의 사전적 의미는 '끼워 넣기' 혹은 '번갈아 배치하기'다. 스포츠계나 음악계에서는 '한 번의 연습 시간 동안 여러 스킬을 번갈아 연습하는 방법'을 가리킨다.

몇 가지 예를 들어보자.

분산학습

워즈니악 룰

기억이 흐릿해져가는 타이밍에
복습하는 효과적인 공부법

START

학습

복습 1
1~2일 후

복습 2
7일 후

복습 3
16일 후

복습 4
35일 후

복습 5
62일 후

GOAL

2X2 룰

보다 간단하게 하고 싶을 때
권할 만한 공부법

START

학습

복습 1
2일 후

복습 2
2주일 후

복습 3
2개월 후

GOAL

- 야구의 투수라면 1회 훈련에서 '커브 → 포크 → 슬라이더' 식으로 투구 연습을 한다.
- 피아노를 배우는 사람이라면 '하농(손가락 연습에 중점을 둔 피아노 교본) → 처음 치는 어려운 곡 → 좋아하는 곡' 식으로 한 번의 연습 시간에 여러 패턴의 곡을 연주한다.

인터리빙이 무엇인지 이제 알았을 것이다. 과거에 내가 활용한 '참고서 《블루 차트》 뒤죽박죽 섞어서 공부하기'도 인터리빙의 한 예이다.

과거에는 한 가지 기능을 마스터할 때까지 반복해서 연습하는 '블록 연습'이 대세였다. 그러나 지난 수십 년에 걸쳐 연구한 결과, 한 번에 여러 기능을 연습하는 것이 더 효과적인 것으로 나타났다.

2015년 남플로리다대학의 한 연구팀이 실시한 실험에서는, 학생에게 두 가지 패턴으로 나누어 공부하게 했다.

1. 하나의 방정식을 마스터한 후에 다음으로 진행한다. (블록 연습)

2. 1회의 수업에서 다양한 방정식을 배운다. (인터리빙)

그러자 다음날 시험에서 인터리빙을 사용한 그룹이 25퍼센트나 성적이 향상되었고, 1개월 후의 추가 시험에서는 두 그룹의 점수

차가 배 가까이로 벌어졌다.

이렇게 효과 차이가 나는 이유는 우리의 뇌가 단순한 자극에 민감하게 반응하기 때문이다.

예컨대 수학시간에 오로지 행렬 공부만 계속하면 어떻게 될까?

비슷한 문제와 풀이법을 되풀이하다 보면 우리의 머릿속은 이윽고 행렬에 특화된 발상과 사고로 굳어진다. 단조로운 공부가 마냥 계속될 뿐이므로 '상기' 하는 과정도 일어나지 않는다.

이 상태가 계속되면 기억에 남지도 않고 새로운 발상도 생기지 않는다. 결과적으로 응용할 수 없는 지식만 머리에 쌓이게 되는 것이다.

이 문제를 해결하는 방법은 같은 단원을 계속 공부하기보다는 사이사이에 다른 단원을 끼워 넣는 것이다. 벡터를 공부했으면 다음에는 이차함수, 그 후는 행렬을 공부한다. 이런 식으로 3차방정식, 매클로린의 정리 등 여러 내용을 공부하다 보면 굳어버린 머리가 유연해지며 제자리를 찾는다. 이것이 인터리빙 학습법의 좋은 점이다.

인터리빙 학습법의 3가지 포인트

효과적인 인터리빙을 위해서 몇 가지 알아두어야 할 것이 있다. 그것을 구체적으로 설명하면 다음과 같다.

■ 포인트 1 : 공부할 내용은 3가지까지

한 번 공부할 때 한데 섞는 내용의 수에 제한은 없지만 종류는 3가지로 좁히는 것이 좋다. 영어를 공부한다면, 단어 암기와 독해만 계속하는 것이 아니라 '쓰기 → 문법 → 듣기'처럼 3가지를 한 세트로 만들어본다. 익숙해지면 종류를 늘려도 되지만 갑자기 대량의 인터리빙을 하면 뇌가 처리할 수 있는 능력을 초과해 버릴 가능성도 있다. 우선은 3가지 정도로 시작하고 상황을 지켜본다.

■ 포인트 2 : 시간은 균등하게 배분한다

공부할 내용을 3가지로 좁혔으면 종류별로 공부하는 시간을 균등하게 할당한다. 이를테면 이런 식이다.

- **1회 학습시간이 60분인 경우:**

  쓰기 20분 → 문법 20분 → 듣기 20분

- **1회 학습시간이 30분의 경우:**

  쓰기 10분 → 문법 10분 → 듣기 10분

공부할 시간이 많지 않아 짧은 시간밖에 확보하지 못했다고 해도, 각 내용에는 같은 시간을 할당하도록 한다.

■ 포인트 3 : 한 세트마다 반드시 휴식시간을 갖는다

1회의 인터리빙 시간은 정해진 것이 없으므로 자신의 상황에 맞게 원하는 시간을 선택하면 된다. 다만 최적의 공부 시간을 판단할 수 없다면, 우선은 '90분 공부 → 20분 휴식' 패턴을 시도해 보기 바란다.

90분-20분 주기 리듬을 전문적으로는 '울트라디언 리듬(ultradian rhythm)'이라고 하는데, 보통은 이 리듬에 따라 가장 집중하기 좋은 시간과 그렇지 않은 시간의 주기를 갖는다. 5~10분 정도의 개인차는 있지만 대부분은 '90분의 각성 상태와 20분의 안정 상태 사이클'이 되풀이되므로, 일단 이 리듬에 따라서 공부하는 것이 무난하다. 몇 번 울트라디언 리듬을 시도해 보고 자신에게 맞는 사이클을 확인해서 자신의 울트라디언 리듬을 찾으면 된다.

Point

- **휴식시간을 끼워 넣어 효과적인 공부시간을 확보하자.**
- **1가지 공부에 집중하기보다 3가지를 함께 공부하는 쪽이 효과가 높다.**

효과적인 인터리빙 학습

3가지 포인트

1. 공부할 내용은 3가지로 좁힌다.
2. 시간은 균등하게 할당한다.
3. 한 세트마다 휴식시간을 갖는다.

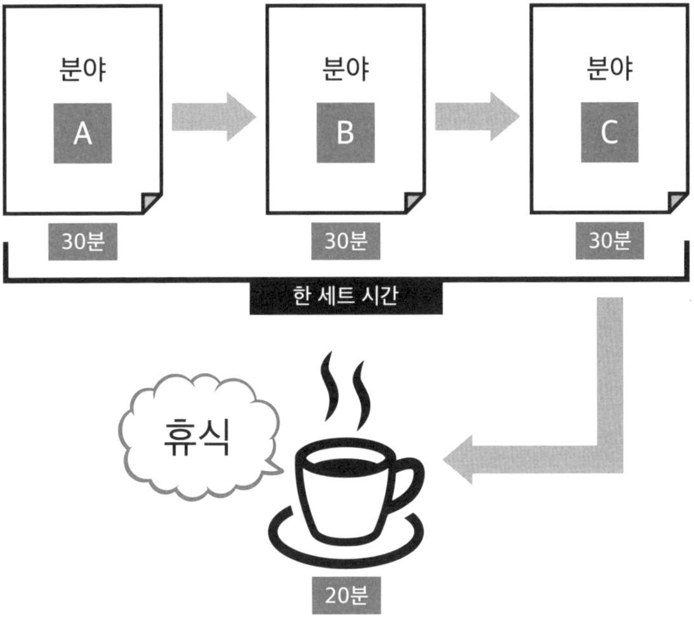

청크화로 정보를 의미 있는 묶음으로 만들어라

상기 3

내가 아무 것도 보지 않고 3시간 연속으로 강연할 수 있는 이유

'상기'의 파워를 끌어낼 수 있는 세 번째 기법은 청크화다.

친숙하지 않은 말일지 모르지만 청크(chunk)란 '의미 있는 덩어리'를 말한다. 청크화란 단위화, 즉 '덩이와 덩이의 정보를 어떤 법칙에 따라 서로 의미 있게 연결하거나 묶어 머리에 남기 쉽게 처리한 상태'를 가리킨다.

예를 들어 가계부를 쓸 때는 수입과 지출 2가지로 분류하여 기록하면 도움이 된다. 하지만 여기서 지출을 다시 '식비' '임대료' '통신비' 등의 요소로 분류해 본다. 지출을 3요소의 덩어리로 이해하면 머리에 남는 비율이 훨씬 높아진다. 그리고 자신이 어떤 분야에서 낭비를 하는지 즉시 알 수 있어 지출 전체를 관리하기 쉬워진다.

또 하나 전화번호를 기억하는 경우를 생각해 보자.

'010○○○○△△△△'처럼 구분 없이 연결된 번호를 외우기는 상당히 어렵다. 하지만 '010-○○○○-△△△△'처럼 하이픈을 넣어주면 한결 외우기 쉽다. 처음에는 개개의 숫자로밖에 보이지 않았던 숫자가 하이픈으로 분류하면 3요소를 하나의 덩어리(청크)로 기억함으로써 뇌에 대한 부담을 줄일 수 있다.

이와 같이 정보를 의미 있는 묶음으로 만드는 청크화가 우리 기억 행위를 도와준다. 청크화는 구분이 없는 데이터에 자기 나름의 틀을 정해 머리에 남기 쉽게 하는 것이 기본적인 사용법이다.

묶음의 제목은 바꿔 붙일 수 있다

예컨대 나의 경우는 퀴즈화 설명에서 나온 '불안에 대한 대책으로 효과적인 것은 식사, 운동, 명상 3가지'라는 정보가 청크의 일종이다.

보통 사람이 들으면 식사, 운동, 명상, 이 3가지는 완전히 별개의 정보로 보일 것이다. 하지만 여기서 청크화라는 발상을 사용하면 별개였던 정보에 '불안대책'이라는 제목을 붙여 하나로 묶을

청크화*

* 의미 있는 덩어리를 만드는 작업

청크화란 기억대상이 되는 자극이나 정보를 분류하고
선택해서 의미 있는 덩어리를 만드는 작업이다.

패턴 1 분류

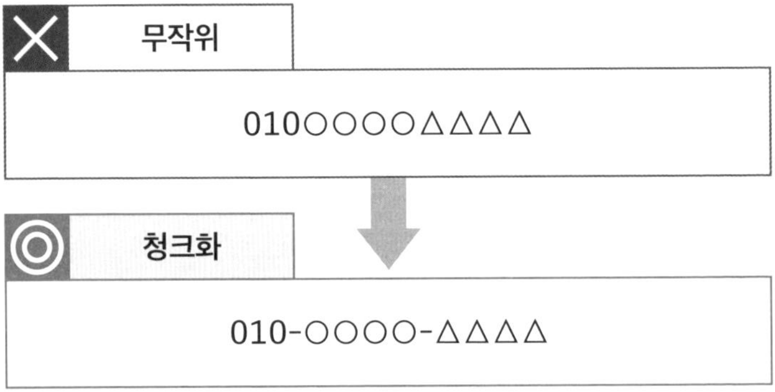

패턴 2 선택

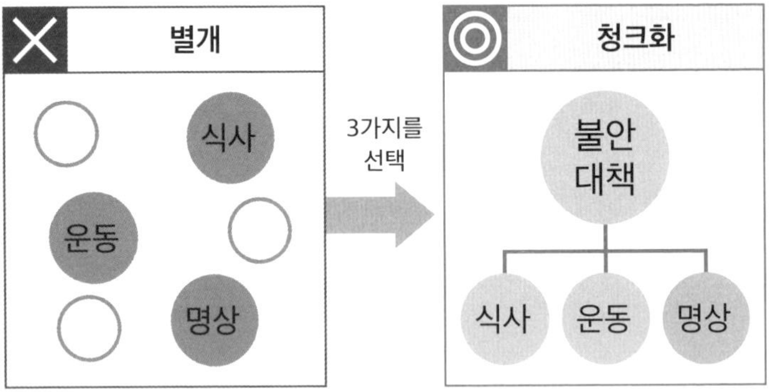

수 있다.

이 외에도 3가지 요소에 '다이어트'라는 제목을 붙여도 좋고, '머리가 좋아지는 법'이라는 제목을 붙여도 좋을 것이다. 자신이 어떻게 묶느냐에 따라 청크화 패턴은 얼마든지 가능하다.

이러한 덩어리가 머릿속에 체계적으로 정리되어 있으면 정보 처리 속도가 굉장히 빨라진다.

나의 경우 특히 청크화 덕을 크게 보는 것은 강연할 때이다. 자료를 전혀 보지 않고도 3시간은 쉬지 않고 프리토크를 이어갈 수 있다. 강연 주제가 '정신을 개선하는 법'에서부터 '코코아가 몸에 좋은 이유'까지 다양한데도 거침없이 체계화된 말이 튀어나온다.

듣는 사람 중에는 어떻게 그 많은 정보를 기억하느냐며 놀라워하지만 이것이 가능한 것은 머릿속에 대량 정보가 덩어리로 잘 분류되어 있기 때문이다.

'정신을 개선하는 방법이 뭐냐'고 물어 보면 뇌에서 심리 관련 청크가 떠올라 곧바로 '식사, 운동, 명상 3가지'라고 대답한다. '효과적인 다이어트 방법'이 무엇이냐고 물어보면 또 다른 청크를 사용하여 '고단백 음식, HIIT(고강도 인터벌 트레이닝), 간헐적 단식'이라고 즉답한다.

여러 가지 청크화를 일상적으로 하고 있기 때문에 하나의 질문에 대해 많은 정보가 머리에 떠오른다.

특별한 경우가 아니더라도 주변에 청크화의 예는 많다.

- **artificial(인공적인)과 disaster(재해)를 따로따로 암기할 것이 아니라 artificial disaster(인재)처럼 관용구로 외운다.**
- **수학의 정리나 공식은 그 증명이나 해법과 세트로 외운다.**
- **역사적인 인물은 '당대 최고 권력자' 등으로 묶어서 외운다.**

이것은 청크화의 기본적인 예이다. 여러 정보를 나름대로의 규칙과 법칙으로 정리하면 별개로 취급하는 것보다도 확실히 기억이 잘 된다.

청크화하면 천재의 직감력이 몸에 붙는다

의미 있는 덩어리로 묶는 청크화 작업에는 끈기가 필요하다. 머릿속에서 여러 지식을 결합해, 그것을 자유자재로 끌어낼 수 있도록 해야 하는 일이니까 당연하다고 할 수 있다.

따라서 청크화를 자기 것으로 만드는 데는 많은 반복 연습을 전제로 한다. 지금까지 소개한 '퀴즈화', '분산학습', '인터리빙' 등의 방법을 사용하면서, 여러 덩어리를 머릿속에 넣는 것이 기본 중의 기본이다.

시간은 걸리지만 학습의 양과 질을 높여가는 사이에 청크화의 요령이 붙는다. 일단 청크화를 하고 나면 좋은 점은 이루 헤아릴 수 없이 많다.

기억이 오래 가는 것은 물론, 무엇보다 큰 이점은 직감이 작동하기 시작한다는 점이다.

- **수학에서 문장 형식으로 된 문제를 보는 순간, 푸는 법을 생각해내기도 전에 정답의 감이 잡힌다.**
- **영문을 스윽 훑어보기만 해도 문제의 답을 알 수 있다.**

청크화의 수준이 깊은 사람일수록 천재나 가능할 듯한 능력을 발휘하는 경향이 있다.

보통이라면 A→B→C→D의 순서로 논리를 쫓아가지만, 청크화가 되면 뇌에 정보가 압축되어 있기 때문에 논리 전개를 순식간에 이해할 수 있어, A→D로 진행하듯 단번에 정답에 이르기 때문이다.

청크화를 내 것으로 만드는 3가지 포인트

거듭 말하지만 청크화에 특별한 방법이 있는 것은 아니다. 자신의 발상으로 여러 정보를 그룹으로 묶어 청크가 무의식에 보내질 때까지 오로지 연습을 반복하는 것이 기본이다.

청크화가 어렵게 느껴지는 사람이라면, 우선 3가지 요점을 익혀 두라.

■ 1 : 정보의 우선순위를 매긴다

정보를 어떤 식으로 정리해야 할지 모르는 사람은 먼저 이 방법부터 시도해 보자.

1. 외워두고 싶은 정보를 모두 쓴다.

2. 각 정보의 중요도(1~10점)를 매긴다.

아주 간단한 방법이지만, 이것만으로도 효과가 충분히 있다. 학생을 대상으로 한 몇몇 실험에서는 영어단어에 중요도를 매기면서 공부한 그룹은 시끄러운 음악이 흐르는 집중하기 어려운 환경에서도 성적이 향상되었다.

이 같은 효과는 별개의 정보가 '중요도'라는 관점에서 정리되어 뇌가 하나의 덩어리로 판단했기 때문에 생긴 것이다.

'중요도'는 시험에 잘 나오는 것을 기준으로 해도 좋고, 단순히 자신이 암기해 두고 싶은 것을 기준으로 해도 좋다. 여하튼 임의의 정보에 어떤 질서를 부여해 주는 것이 중요하다.

■ 2 : 몇 가지 문제 풀이법을 세트로 외운다

수학처럼 한 문제에 여러 풀이법이 있는 과목은 반드시 모두 함께 공부한다. 문제집에 풀이법1과 풀이법2라는 표기가 있으면, 모두 세트로 공부해 두는 것이다.

간혹 시간 낭비니까 풀이법은 하나만 알아두면 된다고 생각하는 사람도 있지만, 여러 풀이법을 머릿속에 담아두지 않으면 조금만 문제 유형이 달라져도 응용하기가 어렵다.

이것은 수학 이외의 과목도 마찬가지다. 영어 문장이라면 능동태와 수동태 등의 여러 표현을 세트로 이해해 두어야 하고, 제2차 세계대전을 공부한다면 연합국뿐만 아니라 주축국(2차 세계대전 당시 독일·이탈리아·일본이 연합국에 대항해 형성한 동맹)의 입장도 이해해 두는 등, 여러 해법을 함께 공부하는 것이 좋다.

처음에는 귀찮게 느껴질 수 있다. 하지만 청크가 차곡차곡 쌓여 누적됨에 따라 기억되는 속도가 빨라지면 점차 즐겁게 할 수 있게 된다.

■ 3 : 마인드맵으로 자신만의 청크를 만든다

우리의 뇌는 스스로 생각해 낸 덩어리(청크)일수록 머리에 저장되기 쉬운 성질이 있다. 참고서나 문제집에 정리되어 있는 정보를 청크로 사용하는 것보다 스스로 머리를 짜낸 청크에 능동적 학습 요소가 강하기 때문이다.

물론 자신만의 청크를 만드는 일이 쉬운 작업은 아니다. 독창성이 있는 청크를 만들어 내려면 여러 정보가 가진 유사점을 알아내는 능력이 필수적이다.

예를 들면, '투자할 때 주위에 휩쓸리지 않는 자기통제 능력이 중요하다'는 조언을 들은 후 '그러고 보니 갬블(도박)을 할 때도 욕심을 내면 오히려 운이 따르지 않는다'로 연결하거나, '골프에서도 한방에 홀까지 날리려다 연못으로 날려 보내는 경우는 많다'고 전개해 본다. 언뜻 보기에는 아무 상관이 없을 것 같은 정보에서 연결고리를 발견하는 창의력이 필요하다.

이때 사용할 수 있는 것이 마인드맵이다. 마인드맵은 원래 '몇 가지 아이디어를 연결하여 발상을 확대하기 위한 도구'인데, 여러 연구에서 마인드맵이 뇌의 청크화를 촉진하는 것으로 밝혀졌다. 마인드맵을 청크화에 활용하는 단계는 간단하다.

1. 외워두고 싶은 내용을 닥치는 대로 마인드맵에 배치한다.

2. 완성된 마인드맵을 아무 생각 없이 종종 바라본다.

3. 정보를 연결할 수 있는 고리가 보이면 그 두 가지를 연결한다.

청크화 학습을 내 것으로 만드는 3가지 포인트

1 정보의 우선순위를 매긴다.

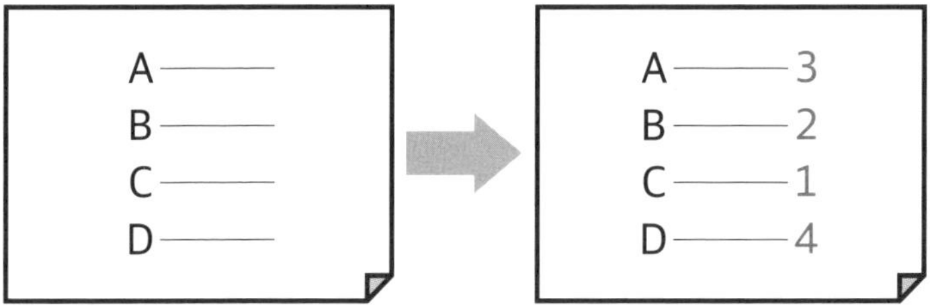

2 복수의 해법을 세트로 공부한다.

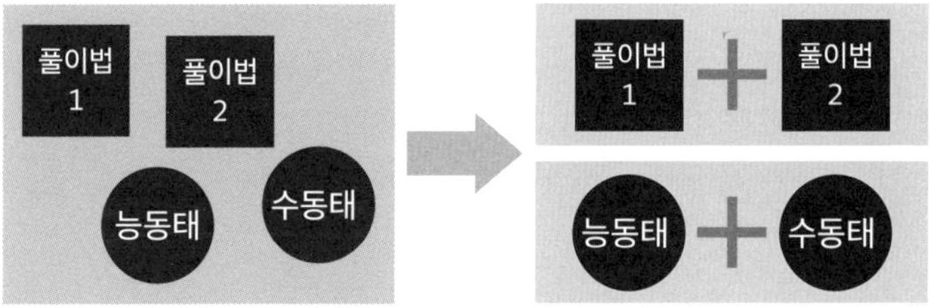

3 마인드맵으로 자신만의 청크를 만든다.

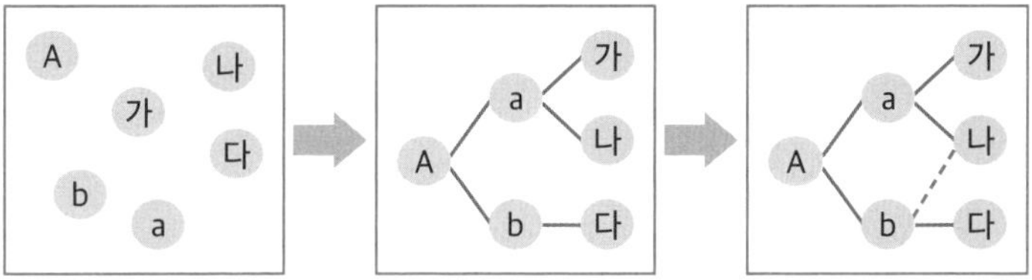

기억하고 싶은 내용을 떠오르는 대로 배치한다.

마인드맵을 만든다.

종종 보면서 새로운 연결고리가 보이면 연결한다.

정보는 자신에게 떠오른 것이면 어떤 내용을 조합해도 상관없다. 예를 들어 '몽골의 분열은 소련의 붕괴와 흡사하다'처럼 역사의 유사성을 연결해도 좋고, '로그는 신경회로의 형성과 매우 비슷하다'는 식으로 자신만 이해할 수 있는 관계를 만들어도 된다. 어떤 연결고리를 사용하든 자신이 이해할 수 있다면 그것은 청크로서 충분히 기능을 발휘한다.

Point

- 정보는 '의미 있는 덩어리 = 청크'로 머릿속에 넣어두자.
- 의미 있는 덩어리를 만드는 데 익숙해지면 직감력도 덩달아 생긴다.

능동학습 2

재언어화, 알기 쉽게 바꾸어 말하라

'재언어화' 하는 데 필요한 3가지 요령

이제부터는 능동 학습의 두 번째 포인트인 '재언어화'를 살펴보자. 간단하게 말하면 재언어화란 '어려운 내용과 용어 등을 자신의 말로 바꿔 이해력을 높여 나가는 방법'이다.

갑자기 '자신의 말로 바꾸라'고 하면 난감해 하는 사람이 대부분일 것이다. 하지만 안심해도 된다. 다행히 많은 연구를 통해 효과적인 방법이 개발되었다. 대표적인 예를 소개한다.

재언어화 1

자기 설명, 자문자답하며 이해도를 높여라

WHY와 HOW로 질문을 반복하며 자문자답한다

첫 번째 방법은 '자기 설명'이다.

배운 내용을 반복해 자문자답 하면서 깊이 이해하는 것이 이 기법의 포인트. 일단 기본적인 학습을 마친 후 복습을 할 때 이용하면 효과적인 방법이다.

가장 일반적인 자기 설명 단계는 다음과 같다.

■ 1 : 기억하고 싶은 내용의 목록화

기억하고 싶은 내용을 간단한 문장으로 정리하여 목록화한다. '제2차 세계대전의 흐름을 안다', '신경의 구조를 이해한다'처럼 간단한 문장으로 목록화한다.

■ 2 : WHY와 HOW로 하는 질문

목록화한 주제에 대해 각각 원인(why) 또는 방법(how)에 관한 질문을 자신에게 던진다. '제2차 세계대전은 왜 일어났는가?'(why), '신경은 어떤 식으로 정보를 전달하는가?'(how) 등 주제에 따라 질문하는 방법을 바꾼다.

■ 3 : 확인 테스트

2단계에서 만든 질문의 답을 노트에 작성하고 올바른지 확인한다.

예를 들어 '신경의 구조를 이해한다'는 주제로 자기 설명을 하면 어떻게 될까?

'뉴런은 어떤 식으로 정보를 교환하는 거지?(how) 수상돌기가 다른 뉴런에서 신호를 받고, 그것이 축삭돌기를 통해서 가는 거구나. 어? 그럼 축삭돌기에서 다른 수상돌기에 정보가 가는 이유는 뭐였더라?(why) 그건 직접 신호를 주고받는 게 아니라 시냅스 사이를 화학적인 신호가…'

이런 식으로 하나의 주제를 why와 how로 자문자답 하면 대단히 효과적이다.

자기 설명 3단계

1 배우고 싶은 것을 목록화

2 WHY와 HOW로 자신에게 질문한다.

3 답을 쓰며 확인 테스트를 한다.

이런 식으로 자신이 만든 질문에 스스로 대답하고, 그 사이에 새로운 의문이 생기면 또 다른 질문을 이어간다. 도저히 설명할 수 없는 수준까지 간 시점에서 마무리한다. 적당한 시점에서 끝내도 상관없다.

자기 설명으로 '유창성의 함정'을 극복한다

'자기 설명'의 효과가 높은 이유는 자신이 알고 있다고 착각하는 '유창성의 함정'에 빠지지 않도록 해주기 때문이다.

문제가 풀리지 않을 때 해답을 보면 갑자기 모든 것을 이해한 것 같은 기분이 든다. 답을 보면 알 것 같은 기분이 드는 것은 당연하다. 그러나 실제로는 확실하게 이해하고 내 것으로 만든 것이 아니기 때문에 나중에 써먹을 수 있는 지식이 아니다.

그런데도 많은 사람들은 답을 보고 자신이 확실히 이해한 것처럼 착각한다. 이렇게 되면 좀처럼 실력이 붙지 않는다. 즉 '유창성의 함정'에 빠지는 것이다. '답을 보고 대충 이해했을 뿐인데 뇌는 완전히 학습한 것으로 받아들이고 더 공부하지 않아도 된다'고 생각해 버리는 오류를 범한다.

자기 설명은 이런 함정에 빠지지 않게 해준다.

실제로 해보면 알겠지만, 완벽하게 이해했다고 생각한 주제도 막상 설명하려고 하면 자신의 말로 표현할 수 없는 부분이 많다는 것을 알게 된다. 중요하다고 생각하는 내용은 '자기 설명' 방법으로 지식의 약점을 보강할 수 있다.

메타인지 리딩으로 어려운 문장을 이해한다

앞서 다룬 Why와 How로 하는 질문은 주로 복습용 기법이다. 다음에서는 모든 학습에 적합한 '메타인지 리딩'을 소개하겠다.

메타인지(metacognition)란 '현재 진행 중인 자신의 생각이나 행동 그 자체를 대상화하여 인식함으로써 자기 자신을 객관적으로 판단하는 능력'을 말한다. 다시 말하면 '자신이 아는 것과 모르는 것을 정확하게 구분하여 아는 인지능력'이다. 따라서 메타인지를 못하면 자신의 문제가 무엇인지조차도 모르고 진흙탕 속에서 허우적거리는 꼴이 된다.

공부를 싫어하는 사람은 흔히 '무엇을 모르는지 모르겠다'는 느낌에 빠지는데, 이것이 바로 메타인지가 되어 있지 않은 전형적인 예이다. 이 상태에 빠지면 아무리 공부해도 좋은 결과가 나오지 않는다.

메타인지를 활용한 '메타인지 리딩'은 미국 볼스테이트대학의 한 연구팀이 고안한 방법이다.

메타인지 리딩은 기본 교과서를 처음 공부할 때에도, 난이도가 높은 학습서에도 폭넓게 사용할 수 있다. 메타인지 리딩은 이해력 향상에 탁월하기 때문에 까다로운 과목에 적용하면 대단히 효과적이다.

메타인지 리딩의 포인트는 '항상 메타인지를 작동하면서 공부를 한다'이다.

메타인지 리딩 4단계

그럼 학습 중에 메타인지를 작동시키려면 어떻게 해야 할까? 다음은 메타인지 리딩 4단계 방법이다.

■ 1단계 : 훑어보기

제대로 이해하고 싶은 참고서나 책을 한 권 선택했다면, 우선 내용의 예비조사를 한다. 책 제목, 차례, 챕터나 섹션 제목, 삽화, 그래프 등을 확인하고 어떤 내용이 나와 있는지 대충 훑어본다.

예비조사 단계이므로 가볍게 슬슬 읽는다. 각 챕터의 처음과 마지막 단락만 읽어도 좋다. 이 단계에서는 다음의 질문을 하면서 진행하면 더욱 효과가 있다.

- 차례에서 어떤 내용이 상상되는가?
- 챕터나 섹션의 제목으로 알 수 있는 것은 무엇인가?
- 각 챕터의 처음과 마지막 절에서 무엇을 알 수 있는가?
- 그래프와 그림으로 알 수 있는 것은 무엇인가?

■ 2단계 : 빠른 속도로 읽기

훑어보기로 대충의 내용을 파악했으면 이어서 빠른 속도로 읽는다. 이 단계에서는 기본적인 내용을 파악하는 것이 목표이므로 빠른 속도로 읽는 것이 필요하다. 다음과 같은 방식으로 일단 마지막까지 대충 읽어나간다.

- 속독하면서 중요할 것 같은 부분에 체크한다.
- 체크 부분에 중요하다고 느낀 이유를 간단히 메모한다.
- 모르는 단어는 뜻을 찾아 적어 둔다.
- 이해하지 못한 부분도 체크해 둔다.

이 단계에서는 '이 부분에서 가장 중요한 요점은 무엇일까?' '설명의 결론을 이해했는가?' '이 결론에 도달하기 위한 전제는 무엇인가?' 등을 물으면서 읽으면 더 효과적이다.

■ 3단계 : 다시 읽기

3단계 '다시 읽기'에서는 자신이 무엇을 모르는지 명확히 판단하는 것이 중요하다. '빠른 속도로 읽기' 단계에서 이해할 수 없었던 곳을 다시 확인하면서 어디가 이해되지 않는지 스스로에게 질문한다.

다음과 같은 점에 주의하면서 읽으면 이해도가 깊어진다.

- **'그러므로' '즉' '따라서' 등의 접속사를 눈여겨보고 '결론'을 찾는다.**
- **'왜냐하면' '~처럼' '~이므로' 등의 접속사나 접미어를 눈여겨보고 '전제'를 찾는다.**
- **자신에게 다음과 같이 8가지 질문을 해본다.**

1. 이해하지 못한 용어가 있는가?
2. (각 장 각 절에서) 여전히 의미를 파악하지 못한 곳은 어디인가?
3. 내용 중 의문점이나 어려운 점을 어떻게 해결할 수 있을까?
4. 가장 흥미가 있었던 곳은 어디인가?
5. 어려운 곳을 이해하기 위한 다른 방법은 어떤 것이 있을까? (인터넷 검색이나 친구에게 물어보기 등)

6. 좀 더 깊이 있게 공부하고 싶은 부분은 어디인가?
7. 내용 중 시험과 상관없이 기억해야 할 곳은 무엇인가?
8. 내용 중 자신의 미래나 목표에 활용할 수 있는 대목은 어디인가?

■ 4단계 : 또 다시 읽기

마지막으로 책을 다시 한 번 읽는다. 이 단계에서는 자신의 말로 친구에게 책의 결론을 설명할 수 있는 수준을 목표로 읽어나간다. 이 단계에서 파악해 둬야 할 점은 다음과 같다.

- 2단계에서 체크한 중요한 포인트를 수정한다.
- 중요 포인트를 차트나 그림으로 정리해 본다.
- 새로운 내용을 발견했을 경우에는 메모해 둔다.
- 읽은 내용을 타인에게 설명할 수 있는지 자신에게 묻고, 그 내용을 노트에 적는다.

메타인지 리딩 4단계

단계 1 훑어 읽기

참고서나 책을 한 권 선정해 내용을 훑어본다. 책 제목, 차례, 챕터 및 섹션 제목, 삽화, 그래프 등을 체크하고 무슨 내용이 나와 있는지를 대충 파악한다.

단계 2 빠른 속도로 읽기

빠른 속도로 읽는다. 자세히 읽을 필요 없이 다음과 같은 점을 의식하면서 끝까지 읽는다.

- 속독하면서 중요할 것 같은 부분에 체크한다.
- 체크 부분에 중요하다고 느낀 이유를 간단히 메모한다.
- 모르는 단어는 뜻을 찾아 적어 둔다.
- 이해하지 못한 부분도 체크해 둔다.

단계 3 다시 읽기

다음과 같은 점에 주의하면서 다시 읽고 자신이 무엇을 모르는 건지 명확히 알아둔다.

- '그러므로' '즉' '따라서' 등의 접속사를 눈여겨보고 '결론'을 찾는다.
- '왜냐하면' '~처럼' '~이므로' 등의 접속사나 접미어를 눈여겨보고 '전제'를 찾는다.
- 빠른 속도로 읽기 단계에서 이해하지 못한 부분을 다시 체크한다. 문장의 어디를 이해하지 못했는지 자신에게 질문한다.
- '이해하지 못한 용어가 있는가?' '의미를 파악하지 못한 곳은 어디인가?' 등등 8가지 질문을 자신에게 해 본다.

단계 4 또 다시 읽기

다음을 의식하면서 책 내용을 다시 한 번 체크한다. 이 단계에서는 자신의 말로 친구에게 책의 결론을 설명할 수 있을 정도가 되게 한다.

- 2단계에서 체크한 중요한 점을 수정하거나 추가한다.
- 중요한 내용은 차트나 그림으로 정리해 본다.
- 새로운 것을 발견했다면 메모해 둔다.
- 읽은 내용을 타인에게 설명할 수 있는지 자신에게 묻고, 그 내용을 노트에 적는다.

메타인지 리딩 방식은 이상과 같다. 메타인지 리딩은 방대한 작업이므로, 시간이 없을 때는 3단계 '이해도를 심화시키는 질문'과 4단계의 '타인에게 설명할 생각으로 정리하기'의 두 가지로 좁혀도 좋다. 그것만으로도 우리의 이해력은 상당히 높아진다.

여기서 의아하게 느낀 사람도 있을 것이다. 제1장에서 '요약은 의미가 없다'고 했는데, 여기서 정리를 권하는 이유는 무엇일까?

당연한 의문이다. 내가 앞에서 비판한 요약은 '처음 읽은 텍스트를 갑자기 정리하는 방식'이다. 이미 설명했듯이 요약은 상상 이상으로 뇌를 쓰는 작업이다. 처음 읽은 내용의 요점을 뽑아내기란 여간 어려운 것이 아니다.

하지만 메타인지 리딩에서는 자신이 모르는 것은 무엇인지, 모르는 것에 흥미를 가지려면 어떻게 해야 하는지 등의 4단계를 거치면서 순차적으로 이해 수준이 올라간다. 이런 상태에서의 요약이라야 의미를 갖는다.

Point

- **WHY와 HOW의 자문자답으로 생각하고, 메타인지 리딩으로 이해하는 공격적인 공부를 하라.**

티칭 테크닉,
남에게 설명해 보라

재언어화 2

공부한 내용을 남에게 설명해 본다

재언어화에 효과적인 두 번째 기술은 '티칭 테크닉'이다. 간단히 말하면 '자기가 공부한 내용을 남에게 설명해 보는 것'이다.

티칭 테크닉의 높은 효과는 1980년대 프랑스 장 폴 마틴 박사가 주장한 이후 여러 실험에서 입증되었다.

남에게 잘 설명하기 위해서는 먼저 자신이 제대로 이해하고 있어야 한다. 또 상대에게 제대로 전해야 하기 때문에 공부에 대한 동기부여도 높아진다.

나는 설명을 잘한다는 말을 많이 듣는데, 이 또한 티칭 테크닉 덕분이다.

원래 나는 설명을 잘하지 못했다. 이과에서 물리를 줄곧 공부하면서, 모르는 것은 스스로 생각해야 한다는 의식이 강해 남에게 설명하고 싶은 마음 따위는 없었다. 그런데 텔레비전 출연이 늘어나기 시작하면서 사정이 바뀌었다.

내가 쓴 심리학 책이 인기를 얻으면서 취재 의뢰가 밀려온 것까지는 좋았지만, 문제는 심리학에 관심이 없는 기자들에게 인터뷰를 받는 경우가 많았다는 점이다. 이들에게 전문용어를 써서 설명하면 잘못 전달되는 경우가 생겨 처음에는 원고를 고치는 데 많은 시간을 할애해야 했다.

'심리학에 관심이 없는 기자를 이해시키려면 어떻게 해야 할까?'

난처해진 나는 생소한 전문용어를 쉽게 바꾸기로 마음먹고 인터뷰가 있을 때마다 이를 여러 차례 시도했다.

효과는 바로 나타났다. 기사의 오류가 줄어든 것은 물론 이전보다 나의 정보 습득 능력도 좋아졌다. 그래서 지금은 책 1권 가량의 정보라면 쉽게 습득한다. 남에게 설명하는 것은 시간 낭비가 아니라 나 자신의 지식 향상에도 큰 도움이 되는 것이다.

티칭 테크닉은 남에게도 자신에게도 도움이 되는, 일석이조의 공부법이다.

가르칠 생각으로 공부한다

'남을 가르치려 해도, 그런 상대가 없다면?' 이렇게 생각한다면 안심해도 된다. 남에게 설명하지 않고 가르칠 생각으로 공부하는 것만으로도 효과가 있기 때문이다.

2014년 워싱턴대학의 한 연구팀이 학생들을 두 그룹으로 나누었다.

1. '시험이 있다'고 생각하면서 공부한다.
2. '다른 학생에게 가르쳐야 한다'고 생각하면서 공부한다.

그 후 두 그룹 학생을 대상으로 테스트를 한 결과는 예상 밖이었다. '다른 학생을 가르쳐야 한다'고 생각하면서 공부한 학생 그룹은 '시험이 있다'고 생각하면서 공부한 학생 그룹보다 28퍼센트나 더 많은 내용을 기억하고 있었고, 특히 중요한 정보일수록 기억을 잘했다.

생각을 바꿨을 뿐인데 이렇게 차이가 난 이유는 무엇일까. 남에게 가르칠 생각에 학습 자세가 능동적으로 바뀌었기 때문이다.

남에게 설명하려면 자신이 먼저 요점을 잘 정리해 두어야 한다. 그 때문에 우리는 남에게 뭔가를 가르쳐야 한다고 생각하면 반사적으로 문제의 요점을 찾아 정리하기 시작한다. 이러다 보면 학습의 자세가 자연히 능동적 학습으로 전환되는 것이다.

이 방법은 예습이든 복습이든 상관없이 적용할 수 있다. 언제든지 '친구에게 이 문제 푸는 법을 설명하려면 어떤 식으로 하는 것이 좋을까?'라고 생각하면서 공부하면 효율이 월등히 높아진다.

러버덕 공부법

다음은 공부한 내용을 실제로 소리 내서 설명해 보는 공부법이다. 설명의 대상이 꼭 친구일 필요도 없고 인간이 아니어도 좋다.

러버덕(rubber duck, 오리 모양 장난감) 공부법은 목욕탕에 띄워놓은 노란 오리 장난감을 상대로 자신이 공부한 것을 설명하는 방법이다. 원래는 프로그래머들이 디버깅(debugging, 오류 수정)을 위해 사용한 꽤 알려진 방법이다.

방식은 간단하다. 모니터 앞에 둔 오리 장난감에게 컴퓨터 프로그램을 보여주며 "이 코드에는 이런 의미가 있어…"라고 한 줄씩 설명한다.

옆에서 보면 이상한 광경으로 보일 수 있지만 그 효과는 절대적이다. 오리에게 설명하는 동안에 머릿속이 정리되어 복잡한 문제를 해결하는 방법이 떠오르기 때문이다.

러버덕 공부법도 기본적으로는 이와 다르지 않다. 오리 장난감을 향해 "때나 조건을 나타내는 부사절에서 앞으로 일어날 일에는 현재형을 쓰고…" 하는 식으로 익히고 싶은 것을 설명하면 된다. 노트나 교과서 등은 보지 않고 공부한 것을 떠올리며 설명한다.

설명 상대는 물론 오리 장난감이 아니라도 상관없다. 자신이 키우는 애완동물에게 설명해도 좋고, 모니터에 띄운 애니메이션 캐릭터에게 말을 걸어도 좋다. 자신이 좋아하는 대상에게 설명하면 되는 것이다.

러버덕 공부법의 효과를 의심하는 사람이 있을지 모르지만 속는 셈치고 한번 시도해 보라. 싱가포르 국립대에서 실험한 결과, 모르는 사람의 사진을 향해서 공부한 내용을 설명한 그룹은 복잡한 개념에 대한 이해력이 높아졌고, 1주일 후에 시행된 시험 성적도 좋은 경향을 보였다.

10살 아이를 가르치는 교수법

'가르칠 생각으로 공부하는 공부법'을 변형시켜 내가 자주 사용하는 방법은 '10살 아이에게 가르치듯 설명하는 교수법'이다. '이 문제를 10살 아이가 이해하게 하려면 어떡해야 좋을까?'라고 생각해 보는 것이다. 이 방법은 지금도 어려운 책을 읽을 때 이용하고 있다.

예를 들어, 소비세에 대해서 배우고 싶다면 “소비세란 우리가 뭔가 물건을 살 때 나라에 내는 돈을 말하는 거야. 사실은 부자가 득을 보는 구조로 되어 있지. 왜냐하면…” 식으로, 되도록 쉽게 설명하는 법을 생각한다.

실제로 해 보면 10살 아이에게 알기 쉽게 설명하는 일은 생각보다 어려운 작업이다. 전문용어는 모두 쉬운 말로 바꿔줘야 하고, 표현도 단순하게 해야 한다.

그런데 그렇게 하는 만큼 효과가 있다. 이해하기 어려운 문제라도 요점이 머리에 쏙쏙 들어온다. 실제로 아이에게 설명하지 않아도, 아무튼 ‘더 알기 쉽게 설명하는 법은 없을까’를 생각해 보는 것이 중요하다.

참고로 ‘알기 쉽게 설명하기’에는 크게 2가지 포인트가 있다.

1. 비유 표현을 사용한다.

2. 상대가 아는 지식을 사용한다.

비유 표현은 빗대어 설명하는 것이다. ‘산화 반응은 전자가 공을 던지는 것과 비슷하다’ 혹은 ‘전류는 강의 흐름과 비슷하다’는 식으로 어려운 내용을 일상적인 현상이나 사물에 빗대어서 설명

티칭의 4가지 기술

공부한 내용을 남에게 설명
가르칠 생각으로 공부
러버덕 공부법
10살 아이에게 가르치듯 설명
어려운 것
↓
단순하게
간단해

한다.

비유의 힘은 강력해서 복잡한 개념을 갑자기 명확하게 다가오게 한다. 이것은 구체적인 사실을 비유로 추상화했기 때문으로, 심플한 지도를 사용하면 복잡한 길도 멀리까지 한눈에 볼 수 있는 것과 같다. (물론 이것도 비유다)

두 번째 포인트는 상대가 알 만한 지식을 사용하는 것이다.

10살 여자아이가 상대라면 "프리큐어(일본 애니메이션에 등장하는 빛의 전사)라고 한다면…" 식으로 인기 있는 애니메이션을 끌어들이는 것이 대표적인 예다. 상대가 잘 알고 있는 지식을 예로 들면 상대의 이해도는 현격히 올라간다.

이상의 2가지 포인트를 잘 적용하면 누구에게나 알기 쉽게 설명할 수 있다.

그룹 게임

그룹 게임은 친구와 팀을 짜 서로 가르쳐 주는 방법이다. 한 친구를 상대로 해도 좋지만 그룹으로 하면 더욱 효과가 좋다.

구체적인 방법은 다음과 같다.

1. 공부 기간을 정한다. (2~3일 정도가 가장 적합하다)

2. 참고서를 선택한 후 범위를 정하고 각자 공부한다.

3. 모임을 시작하기 전에 참가자 전원에게 번호를 부여한다.

4. 책에서 무작위로 풀어볼 문제를 고른다.

5. 주사위를 던져 나온 숫자의 참가자가 문제풀이를 설명한다.

(2가 나오면 2번 참가자가 설명한다)

예컨대 수학 참고서를 사용한다면, 우선 전원에게 '3일 후에 제4장의 데이터 분석을 서로에게 가르쳐 주자'고 정하고 당일까지 모든 범위를 각자 공부한다.

모임 전에 각자에게 번호를 부여하고, 제4장에서 랜덤으로 문제를 뽑는다. 주사위를 던져 2가 나왔다면, 2번 참가자가 선택된 문제를 다른 멤버에 설명한다. 순조롭게 설명하면 2번은 통과한다.

이 방법은 모든 범위를 공부해야 하기 때문에 자연히 학습의 긴장감이 높아진다.

이와 동시에 '이런 질문을 받으면 어떡하지?'라든가 '보통 어떤 점에 의문을 갖을까?' 등을 생각하며 능동적으로 공부하기 때문에 학습 효과도 향상된다.

친구들과 함께 공부할 기회가 있다면 시도해 보기 바란다.

그룹 게임 실천법

공부 기간을 설정 → 3일 후

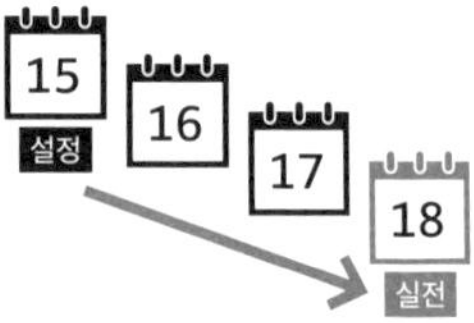

공부 범위를 정하고 각자 공부한다. → 수학 참고서 4장

실전 당일, 참가자에게 번호를 부여한다. → 1~5번

참고서에서 랜덤으로 문제를 뽑는다. → 문제 3

주사위를 던져 나온 숫자의 참가자가 설명한다. → 2번인 사람이 설명

Point

- 남에게 가르칠 생각으로 학습하면 효과적이다.
- 아이들도 알 수 있게 설명하면 자신의 이해력도 상승한다.

이미지화, 이미지의 힘을 활용하라

마지막으로 '이미지화' 방법이다. '어떤 장면을 머리에 떠올려 학습하는 기법'으로, 어려운 문제의 이해도를 높이는 데에 효과적이다.

이미지화 방법 중 실험에서 효과가 확인된 방법을 몇 가지 살펴보자.

상상 토론

머릿속으로 '가상의 토론'을 상상하며 하는 공부법이다.

2017년 콜롬비아대학의 한 연구팀이 남녀 60명을 대상으로 색 다른 실험을 했다. 전원에게 '가상의 시장 선거'에 대한 시나리오를 주고, 두 후보가 주장하는 것을 이해한 다음, 마음에 드는 후보자를 응원하는 에세이를 쓰게 했다.

여기서 연구팀은 실험 대상자를 두 그룹으로 나누었다.

1) TV 토론 프로그램에서 두 후보가 토론하는 모습을 떠올리면서 에세이를 쓴다.
2) 후보의 주장이나 자료를 읽고 나서 에세이를 쓴다.

이 설정만 보면 자료를 읽고 에세이를 쓴 그룹의 성적이 좋을 것이라고 생각할지도 모른다.

하지만 결과는 반대였다. 완성된 에세이를 분석한 결과 토론하는 모습을 떠올린 그룹 쪽이 좋은 해결책을 제안하는 경향이 강했고, 반대편 의견에도 설득력이 있는 비판을 했다.

좋은 글을 쓰려면 예컨대 도시 계획의 문제점처럼 복잡한 쟁점을 이해할 필요가 있다. 즉, 가상의 토론을 떠올린 그룹은 어려운 문제에 대한 이해가 깊어져 종합적인 판단을 할 수 있게 되는 것이다.

이런 효과를 얻을 수 있었던 것은 가상의 토론이 객관적 시각을 갖도록 돕기 때문이다.

어려운 문제에 몰두하다 보면 아무래도 눈앞의 문제에만 의식이 향하기 때문에 유연하게 생각하지 못한다. 예컨대 이차함수 문제를 푸는데 제곱완성을 사용한 방법밖에 생각하지 못할 수가 있다. 골몰이라는 함정에 빠져 있기 때문에 미분의 가능성까지는 미처 생각하지 못하는 것이다.

그런데 여기에서 가상의 토론을 떠올리면 문제를 한발 물러선 곳에서 바라보는 감각이 생긴다. 눈앞의 문제가 순간적으로 '남의 일'처럼 되어 마음에 여유가 생기는 듯한 상태가 된다.

마음의 긴장감이 풀리면 사고는 자연스럽게 유연성을 회복한다. 그 결과 문제에 대한 이해도도 높아진다.

이 테크닉을 공부하는 데 사용할 경우, 예를 들어 다음과 같은 토론을 떠올려 보면 효과적이다.

☞ **문제를 푸는 방법이 몇 가지 있는 경우에 '어느 해법이 보다 효과적인가?'를 상상의 상대와 토론해 보자.**

☞ **세계 공황에 대응하여 영국이 실행한 '블록경제권 형성'에 대해서, 찬성파와 반대파의 토론을 상상해 본다.**

어느 경우에도 토론의 주제를 마무리할 필요는 없다. 머릿속으로 토론만 하면 효과는 얻을 수 있다.

상상 토론(이미지 디스커션)

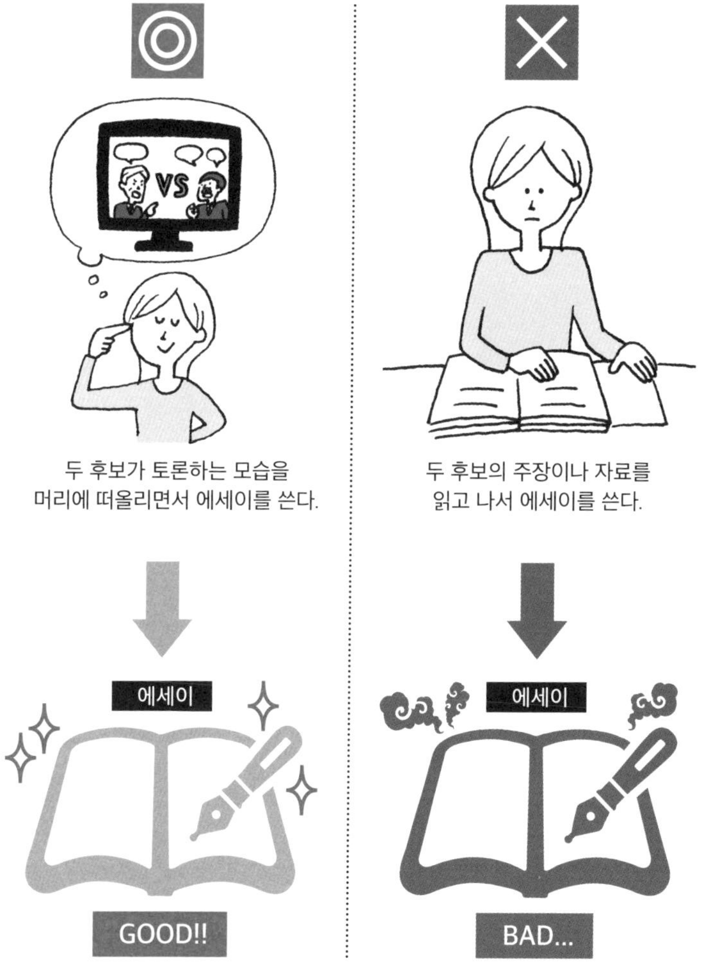

솔로몬 이미징

구약성경에 등장하는 솔로몬 왕은 남다른 지혜가 있었는데도 개인적으로는 실수가 많은 인물로 묘사되어 있다. 지혜가 뛰어나도 자신의 문제에 대해서는 객관적인 시각을 갖지 못해 실수가 많았다.

'솔로몬 이미징'은 그런 특성을 이용해서 고안한 테크닉이다. 솔로몬 이미징 기법은 다음과 같이 아주 단순하다.

☞ **'만약 친한 친구가 자신과 같은 문제로 골머리를 앓고 있다면 어떤 식으로 생각하고 어떤 해법을 쓸 것인가'를 생각해 본다.**

한 연구에 따르면 "타인의 관점에서 문제를 바라보기만 해도 문제에 대한 이해가 깊어져 종합적이고 정확한 판단할 수 있는 가능성이 높아진다"고 한다.

이 방법의 효과 역시 객관적 시각과 관련이 있다.

'만약 그 친구라면 어떻게 했을까'라고 생각하기만 해도 눈앞의 문제가 남의 일이 되어 마음의 여유가 생기고, 최종적으로 이해 수준이 높아진다는 것이다. 앞에서 언급한 상상 토론을 실행하는 것이 다소 버겁다면, 솔로몬 이미징을 시도해 보는 것도 좋다.

타인의 관점에서 문제를 바라본다

개인 맞춤형 낭독

개인 맞춤형(personalize) 낭독은 영어의 이해력과 말하기 능력을 높이기 위해서 개발된 기법이다. 자신이 영문의 주인공이 되어 읽음으로써 어려운 문장에 대한 이해를 높이는 방법이다.

가령 이런 영문이 있다고 하자.

In 1974 Diana went on to her mother's old school, where her sisters were also students there. By then, their mother wasn't living London, but in Scotland. She was kind to Diana although they lived separately. She and her new husband, Peter had a large farm on an island. Diana was looking forward to visiting it and had some lovely holidays there.

이를 개인 맞춤형으로 낭독하려면 글의 일부를 다음과 같이 바꾸고 소리를 내서 읽는다.

In 1974 I went on to my mother's old school, where my sisters were also students there. By then, our mother wasn't living in London, but in Scotland. She was kind to me although we lived separately She and her new husband, Peter had a large farm on an island. I was looking forward to visiting it and had some lovely holidays there.

보다시피, 문장 속의 '다이애나'를 모두 '1, my, me' 등의 '나'를 나타내는 표현으로 바꿨다. 즉 문장을 개인화한 것이다.

'이렇게 바꾼다고 효과가 있을까'라고 생각할 수도 있지만, 과학적으로 학습 효과가 있는 것으로 알려져 있다.

일례로, 효고대학의 한 연구팀이 행한 실험에 따르면 '개인 맞춤형 낭독'을 하루 15분씩 실천한 학생은 그냥 소리를 내서 읽은 그룹보다 문법이나 내용의 이해도가 10퍼센트 가까이 높아졌다고 한다.

개인 맞춤형 낭독이란

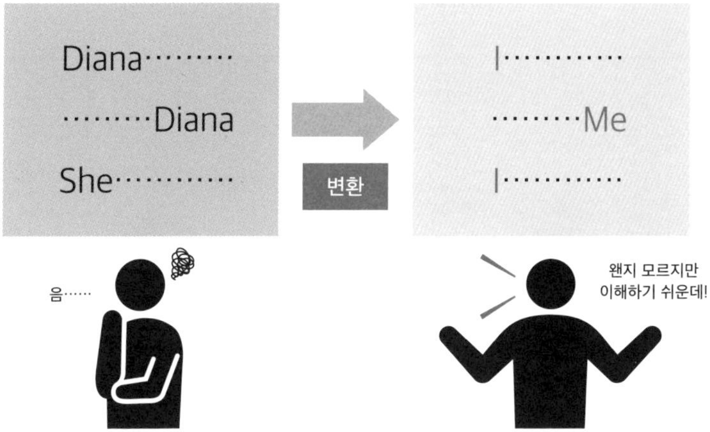

개인 맞춤형 낭독이 효과적인 것은 문장의 주인공을 '나'로 변환한 덕에 뇌 속에 이미지가 떠오르기 쉽기 때문이다.

누군지 모르는 '다이애나'의 이야기를 읽는 것보다 자신의 이야기로 변환하여 읽으면서 이미지를 떠올리면 이해하기도 쉽고 기억도 잘 되는 것은 당연하다.

수학과 물리 같은 과목을 개인 맞춤형으로 만들기는 어렵지만, 세계사나 고문 등의 인문 과목에는 응용할 수 있다. 이해하기 어려운 문장이 있을 때는 시험 삼아 주어를 자신으로 바꿀 수 있는지 생각해 보자.

Point

- 이미지의 힘을 이용하면 두뇌의 기능이 활성화한다.
- 주어를 바꾸어 '자신의 이야기'로 만들어 공부한다.

* * * * * * * * * * * * * * *

이 장에서 다수의 공부법을 소개했다. 때문에 많은 정보량으로 인해 혼란스럽게 느껴지는 사람이 있을 수도 있다. 하지만 어려워하거나 당황해 할 필요가 없다.

여러 과학적인 학습법을 소개했지만 정말 중요한 포인트는 '능동 학습', 단 한 가지뿐이기 때문이다. 능동적으로 공부에 몰두하는 방법만 찾으면 어떤 방법이든 의미를 갖기 시작한다.

그러니까 최대의 요령은 항상 궁리하는 것이다.

어떻게 하면 더 쉽게 외울 수 있을까?

어떻게 하면 더 재미있게 머릿속에 쏙쏙 넣을 수 있을까?

이런 식으로 더 쉽게 공부할 수 있는 방법을 생각하면 그것은 자동적으로 능동 학습이 된다. 이 점만 알고 있으면 내가 참고서를 낱장으로 만든 것처럼 어떤 식으로 공부해도 상관없다.

모든 공부는 능동적으로 하면 된다!

제3장

진짜 공부는
준비단계부터 시작된다

공부하기 전의
7가지 테크닉

결과를 내고 싶다면 준비하는 데 시간을 들여라

Intro

앞장에서는 성과에 직결되는 효율적인 공부법 몇 가지를 소개했다. 하지만 사실은 당신이 학습 성과를 크게 높이기 위해서 충족시켜야 할 조건들이 아직 남아 있다.

제2장에서 소개한 '능동 학습'을 실행하는 것만으로도 효과는 크겠지만, 제3장에서 소개하는 조건을 충족시키면 성과는 크게 달라진다. 집중력이나 기억력에 2배 차이가 생기고 아무리 시간이 없는 상황에서도 학습 효과를 최대로 끌어올릴 수 있게 된다.

과연 그 조건은 무엇일까?

바로 '공부하기 전의 준비'다.

공부법이라고 하면 누구나 '효율적으로 문제를 푸는 법'이나 '정보를 잘 정리하는 법' 같은 눈앞의 문제에만 신경 쓰느라 공부를 시작하기 전의 준비 단계는 의식하지 못한다.

하지만 이는 완전히 잘못됐다. 공부하기 전부터 세심하게 준비하지 않으면, 모처럼의 능동 학습도 제대로 효과를 발휘하기 어렵다.

우리 주위에는 아무리 봐도 공부를 안 하는데 언제나 성적이 좋은 사람이 있지 않은가? 이런 사람들은 효율적인 공부법을 아는 것은 물론이고, 준비 단계에 신경을 쓰는 경우가 많다.

진짜 공부는 준비 단계부터 시작된다. 따라서 과학적으로 입증된 '준비 원칙'을 알고 적용하는 것은 무엇보다 중요하다.

자기초월 목표를 세운다

공부하기 전 준비 1

공부 시간이 다른 보통의 학생보다 2배로 늘었다

자기초월 목표란 '자신의 영역을 넘어서는 원대한 목적이나 목표'를 말한다.

'전문직에 종사하고 싶다'거나 '돈을 많이 벌고 싶다' 같은 목표는 어디까지나 자신의 욕망을 채우기 위한 작은 목표이다.

반면에 '어려움에 처한 이웃을 돕는 일을 하고 싶다'거나 '불공평한 사회 시스템을 바꾸기 위해서 돈을 벌고 싶다'고 한다면 그것은 자기초월 목표이다.

텍사스대학의 연구팀이 이런 실험을 실시했다.

먼저 '고교생 실험 참가자에게 현 사회의 문제점'을 생각해 보게 한 후, '그 문제를 개선하기 위해 학교 공부를 활용하는 방법은 없는가'를 생각하게 했다.

이에 대해서 한 학생은 "유전학 공부를 하면 작물의 유전자를 조작해서 생산량을 높이는 데 도움이 될 것 같다"고 답했고, 또 다른 학생은 "세상 문제를 깊이 이해하려면 먼저 기본적인 사회 시스템을 배울 필요가 있다"고 답했다.

그 뒤 학생들의 행동을 조사했더니 그들의 행동에 큰 차이가 나타났다. '자기초월 목표'에 대해 생각한 그룹은 스마트폰 게임 등에 소비하는 시간이 줄고 대신 수학이나 과학 공부에 몰두하는 시간이 2배나 증가했다. 그리고 목표 없이 공부한 학생들보다 성적이 많이 올랐다.

실험에서 '자기초월 목표'에 대한 조사에 걸린 시간은 고작해야 50분 정도에 불과하다. 그런데도 성적이 올랐다는 게 놀랍다.

자기초월 목표가 학습의욕을 끌어 올린다

자기초월 목표에 의해서 공부 시간이 늘어난 것은 학습의욕이 향상되었기 때문이다.

"일을 잘하는 사원에게 성과급을 주었더니 역으로 생산성이 저하되는 현상이 벌어졌다"는 심리학계의 연구사례가 있다. 성과급을 받기 전까지는 자신의 성장과 목표달성이 즐거워 신나게 일하던 사람이 돈을 받은 탓에 목적이 돈으로 바뀌어 일에 대한 보람을 잃어버렸기 때문이다.

이 같은 현상은 공부에서도 마찬가지다. 순수하게 새로운 지식을 배우는 것을 좋아하는 아이에게 더 열심히 공부하면 용돈을 올려주겠다고 했을 경우, 처음에는 열심히 할지도 모른다. 하지만 조금씩 학습의욕이 떨어지면서 이윽고 공부를 싫어하게 될 수도 있다.

그런데 여기서 자기초월 목표에 대해서 생각하면 학습의욕을 끌어 올릴 수 있다. '지금 하는 공부가 다른 사람에게 도움이 될 수도 있다'는 생각은 공부에 큰 의미를 부여하기 때문이다.

따라서 공부 전에 자기초월 목표를 잠깐 생각해 보는 시간을 갖는 것이 좋다.

1. **세상을 더 좋게 만드는 방법은 없을까?**
2. **지금 하는 공부가 좋은 세상을 만드는 데 도움이 되게 하려면 어떻게 해야 하는가?**

'세상이 평화로워지려면?' 같은 커다란 문제에 대해서 생각해도 좋고, 그게 어렵다면 자기 주변의 문제에 대해 생각해 보는 것도 좋다.

'물 절약을 위해 내가 할 수 있는 일은 없을까?' '만원 지하철을 해소할 수 있는 방법은 없을까?' '최근 담배꽁초를 함부로 버리는 사람이 많다' 등등 일상의 문제를 개선하여 좋은 세상을 만드는 방법을 생각해 보라.

사회나 주변의 문제가 아닌 자신의 가치관을 생각해 보는 것도 방법이다. 가령 공부하기 전에 이렇게 물어보라.

☞ **나에게 가장 소중한 것은 무엇일까?**

자기초월 목표란?

학습의욕 향상!!

우선 작은 것부터 해도 되니까
좋은 세상을 만드는 데 도움이 될 만한 방법을
생각한다.

자신의 가치관을 생각해 본다.

중요하다고 생각하는 것은 사람이든 사물이든 상관없다. 가족이나 친구를 택하는 사람도 있을 것이고, 자유롭게 살고 싶다는 신조를 택하는 사람도 있을 것이다. 당신이 진심으로 중요하다고 생각하는 것이라면 뭐든지 선택해도 상관없다.

사회 문제처럼 큰 대상이 아니어도 훌륭한 자기초월 목표가 될 수 있다. 중요한 것을 생각하기만 해도 의식이 자신보다 큰 목표를 향하고, 세상 문제를 생각하는 것과 마찬가지로 당신에게 동기를 부여해 준다.

여하튼 자기 자신을 뛰어넘는 큰 가치에 대해서 생각하는 것이 중요하다.

공부하기 전에 10분이라도 좋으니까 실천해 보라.

공부 전에 알고 있는 것을 먼저 써본다

공부하기 전 준비 2

외워야 할 내용은 쓸 필요가 없다

새로운 지식을 배우는 것은 즐거운 일인 동시에 아주 어려운 작업이다.

모르는 분야의 책을 읽다가 이해할 수 없어 마음이 불편해진 경험은 누구나 있을 것이다. 모르는 것만 나와 있으면 짜증이 나는 것이 당연하다.

그럴 때 '아는 것을 사전에 써보는 공부법'이 도움이 된다. 이것은 하버드대학이 효과를 확인한 방법으로 다음과 같은 단계로 실시한다.

1. 공부할 내용과 관련이 있는 것 중 이미 알고 있는 지식이 무엇인지 생각한다.

2. 생각나는 것을 모두 써본다.

공부하기 전에 앞으로 알아야 할 지식을 정리해서 써보려는 사람이 많으나 정말 효과가 높은 방법은 사실 그 반대이다. 이미 내 머릿속에 있는 관련 지식을 떠올리는 것이 오히려 새로운 정보를 이해하기 쉽게 하고 기억에도 도움이 된다.

가령 전기의 구조에 대해서 새롭게 배우려 한다고 하자. 여기에서 아무런 준비도 하지 않고 '플레밍 왼손의 법칙은…'부터 시작하는 참고서를 읽는다면 머리에 잘 들어오지 않는다.

본격 공부에 들어가기 전에 전기에 대해서 내가 아는 것이 무엇인지 생각해 보는 것이 효율적이다.

- 전지는 전기를 가둔 것 같은 상태다.
- 겨울에 문손잡이를 만지다 찌릿한 느낌을 받은 적이 있다.
- 벼락은 하늘에서 전기가 떨어지는 현상이다.

이처럼 전기에 대해 생각한 뒤 다시 참고서를 펼쳐보라. 그러면 '전하(물체가 띠고 있는 정전기의 양)는 물체에 축적되기 때문에 이것이 문고리에서 찌릿한 느낌으로 온 것이었구나'라든가 '벼락은 대기에 전하가 쌓인 정전기의 일종'이라는 것을 단번에 이해할 수 있을 것이다.

기존 지식에 새로운 지식이 결합된다

원래 인간의 기억 메커니즘은 기존 정보에 새로운 지식이 결합되는 구조이다. 이미 가진 정보가 나무줄기라면, 거기서부터 가지를 쳐나가는 것이 학습이다.

새로 배운 지식이 기존 정보와 분리되어 있으면 우리 뇌는 별 반응을 일으키지 않는다. 당신이 이미 갖고 있는 '겨울에는 문고리에 정전기가 생긴다'라는 지식에 '전하는 유도체에 축적된다' 같은 새로운 정보가 결합된 순간부터 비로소 우리의 뇌는 작동하기 시작한다.

나는 항상 기존 지식과 새로운 지식의 결합을 의식한다.

새로운 책을 읽을 때는 처음에 차례나 참고문헌, 저자약력, 그래프 등을 훑어본다.

그것이 '머리를 좋게 하는 방법'에 대한 책이라면 '운동과 뇌신경의 관계 등 뇌의 성장에 관한 정보가 들어 있겠구나'라든가 '그러고 보니 요전 날 뇌 훈련 효과를 조사한 논문을 읽었는데' 식으로 내용과 관계가 있을 만한 지식을 가능하면 떠올린다.

이렇게만 해도 전혀 감이 잡히지 않는 분야의 책이 머리에 쉽게 들어오기 시작하는 걸 경험하게 될 것이다. 모든 부분을 생각할 필요는 없으니까 머리의 준비 체조 정도라고 생각하고 가볍게 해보라. 분명 이전과 다르다는 것을 느낄 수 있을 것이다.

호기심을 자극한다

공부하기 전 준비 3

얼굴 사진과 기억의 관계

세 번째는 기억력이 배가 되도록 하는 기술을 소개하겠다.

2014년 캘리포니아대학의 한 연구팀이 흥미로운 실험을 했다. 연구팀은 '처음 본 사람의 얼굴 사진'을 기억해 두라고 실험 참가자에게 지시를 내린 뒤 실험군을 두 그룹으로 나누었다.

1. 그냥 얼굴 사진을 보면서 외운다.
2. 먼저 트리비아 퀴즈를 내고 답을 하면서 약 14초간에 얼굴 사진을 외운다.

트리비아(잡학) 퀴즈란 사람들이 알고 싶어 하는 숨겨진 이야기나 여러 방면에 걸친 잡학적인 상식문제를 말한다. 이 실험에서는 '비엔나와 소시지의 차이는?' '세계에서 가장 긴 역명은?' 같은 궁금증이 생길 만한 퀴즈를 뽑았다. 잠시 후 기억을 테스트한 결과, 트리비아 퀴즈를 사용한 팀은 그냥 얼굴 사진을 외운 팀에 비해 2배나 높은 성적을 보였다. 기억력 향상은 다음날 다시 테스트한 결과에서도 확인되었다. 트리비아 퀴즈 효과는 한 순간에 사라지는 것이 아니라는 것을 입증해 준 셈이다.

호기심이 기억력을 향상시킨다

트리비아 퀴즈가 기억력을 향상시킨 데는 호기심이 크게 작용했기 때문이다.

뭔가 흥미가 있는 것을 접하면 호기심이 일어 뇌속의 보상계(reward system)라 불리는 영역이 활성화한다. 보상계는 뭔가 기분 좋은 일이 생겼을 때 활성화해 쾌감을 느끼게 하는 두뇌 체계로, 이 작용이 활발해질수록 의욕이 솟는다. 예컨대 무언가를 달성했을 때, 누군가에게 칭찬을 받았을 때, 정말 맛있는 음식을 먹었을 때, 우리는 기분 좋다고 느낌과 동시에 의욕이 생긴다.

이 보상계의 쾌감이 행동의 동기가 되는데, 자신의 성장을 실감했을 때 같은 보다 고차적인 일에도 보상계가 활성화한다. 이 보상계의 구조를 이해하고 활용하면, 자신을 바람직한 방향으로 동기화할 수 있다.

뇌의 보상계는 해마에 인접해 있다. 뇌의 각 요소는 가까운 영역의 활동에 영향을 주기 쉽기 때문에 보상계가 활발하게 움직이면 동시에 해마의 작용도 활발해진다.

따라서 해마는 인간의 기억력과 깊이 관련되는 영역이라서 트리비아 퀴즈를 하면 기억력이 배가 되는 것이다.

뇌의 메커니즘을 모른다 해도 흥미 있는 것일수록 잘 기억한다는 것을 직감적으로도 알 수 있다. 중국 역사에는 전혀 흥미가 없는데도 역사 만화 덕에 유방과 항우가 패권을 다퉜던 진나라 시대만큼은 잘 아는 경우가 많다.

반대로 호기심이 일지 않은 것을 외우기는 아주 어렵다. 기억력이 좋다는 말을 자주 듣는 나도 아무 흥미가 없는 분야는 잘 외워지지 않는다. 가끔 드라마 제안을 받기도 하는데 나는 그때마다 거절한다. 배우가 하는 일에 관심이 없어 대본이 잘 외워지지 않기 때문이다.

보상계를 자극한다

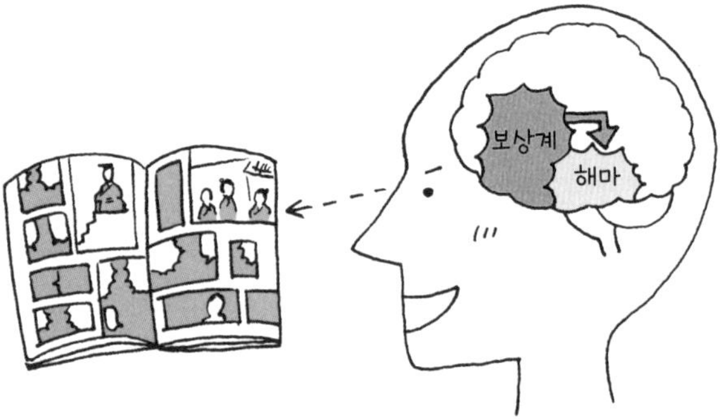

흥미가 있는 것을 접하면 두뇌의 보상계와 해마가 자극을 받아 기억력 향상으로 이어진다.

호기심이 지속되는 것을 고르는 것이 요령

앞에서 예로든 연구는 '호기심을 발동시키면 본래 관심이 없던 정보까지 머리에 넣기 쉬워진다는 사실을 밝혔다'는 점에서 흥미롭다. 모르는 사람의 얼굴을 외우라는 말을 듣고 호기심이 생기는 사람은 없을 것이다.

만약 해야 할 공부에 흥미가 생기지 않는다면 공부하기 전에 호기심을 자극하는 것을 접해 보면 어떨까? 그것만으로도 단조로운 공부가 이전보다 훨씬 순조롭게 진행될 수 있다.

자신의 흥미를 끄는 것이라면 내용은 어떤 것이든 상관없다. 게임이든 만화든 뭐든 뇌가 기뻐할 만한 것을 5분 정도 접하면 기억력을 향상시킬 수 있다.

하지만 이 효과를 더욱 높이고 싶다면 '호기심이 지속될 만한 것'을 고르는 것이 좋다.

예를 들어 스마트폰 게임으로도 뇌의 보상계는 활성화되지만 그 작용은 극히 단기적이다. 게임을 마치거나 관심 있는 아이템을 손에 넣거나 하면 즉시 활성화 수준이 내려간다. 그만큼 해마에 대한 영향력도 낮아지며 기억력 향상 효과도 사라진다.

호기심을 지속시키는 데는 어딘가에 수수께끼 요소가 들어간 것을 선택하는 것이 중요하다.

실험에서 사용한 트리비아 퀴즈도 좋고, 미해결 사건의 진상을 추적한 미스터리 소설도 좋다. 답이 궁금해지는 정보에 우리의 마음은 강하게 끌린다. 인간의 뇌는 지식과 지식 사이의 공백을 메우고자 하는 근원적 욕구가 있기 때문이다.

그렇기 때문에 공부하기 전에 만화를 읽는다면, 단조롭게 스토리가 이어지는 작품보다 복잡해서 다음 전개를 알 수 없는 작품이 좋고, 게임이라면 총이나 무기를 사용해 적이나 장애물을 제거하는 슈팅게임보다는 퍼즐게임 쪽이 호기심을 지속시키기 좋다.

Point

- **호기심이 뇌의 기능을 높인다.**
- **매일 하는 공부에 수수께끼 요소를 가미해 보자.**

학습 효율을 높이는 음악 사용법

공부하기 전 준비 4

배경음악은 공부를 방해할 뿐이다

음악을 들으면서 공부하는 사람이 많다. 그중에는 좋아하는 음악을 들으면서 공부해야 공부가 잘된다고 말하는 사람도 있다.

그런데 과연 그럴까? 배경음악(BGM) 효과는 과학적으로 증명된 사실일까?

결론적으로 배경음악 효과는 부정적이다. 배경음악이 작업의 효율을 올리기는커녕, 반대로 뇌의 성능을 떨어뜨릴 뿐이라는 결과가 나왔다.

구체적인 실험 결과를 살펴보겠다. 2007년에 영국 스코틀랜드에 있는 글래스고 칼레도니언대학의 연구팀이 한 실험이다.

연구팀은 실험 참가자 40명에게 다음과 같은 네 종류의 환경에서 인지 테스트를 받게 했다.

1. 템포가 빠른 배경음악이 흐르는 방
2. 편안한 배경음악이 흐르는 방
3. 환경음(말소리나 차 엔진 소리 등)이 나는 방
4. 아무 소리도 나지 않는 조용한 방

그 결과는 명확했다. 배경음악을 들으면서 인지 테스트를 받은 실험 참가자들은 모두 인지능력이 크게 내려갔다.

그렇다면 어떤 배경음악이 가장 문제였을까?

템포가 빠른 곡일수록 머리 회전이 둔화되어 인지능력 저하 현상이 두드러졌고, 환경음보다 느린 곡도 악영향이 컸다. 하지만 아무 소리도 들리지 않는 방에서 문제에 몰두했던 팀은 인지능력 저하 현상이 나타나지 않았다.

'이 실험에서는 연구자가 고른 배경음악을 사용했기 때문이고 내가 좋아하는 곡을 사용하면 효과가 있지 않을까'라고 생각하는 사람도 있을 것이다. 영국 웨일스대학이 2010년에 한 실험에서 연구팀은 실험 참가자를 다음과 같이 세 그룹으로 나누고 인지 테스트를 실시했다.

1. 자신이 좋아하는 곡을 듣는다.
2. 자신의 싫어하는 곡을 듣는다.
3. 완전 무음 상태

결과는 역시 같았다. 무음 상태에서 작업한 그룹의 인지능력이 가장 좋았고, 배경음악을 들은 두 그룹은 모두 인지능력이 낮게 나왔다. 자신이 좋아하는 곡을 들어도 학습에는 악영향을 미친다는 것이 밝혀진 셈이다.

배경음악이 뇌에 주는 부담은 생각보다 크다

작업과 관계없는 배경음악을 들으면, 우리의 뇌는 소리 쪽으로

귀를 기울이기 때문에 결과적으로 작업 효율이 떨어진다. 이런 현상을 전문적으로는 '무관련 소리 효과'라고 한다.

눈앞의 작업과는 관련이 없는 소리가 귀에 들어가면 우리의 뇌는 그만 그쪽에 이끌려 멜로디나 리듬 패턴을 이해하려고 노력하기 시작한다. 이때 뇌는 2가지 정보를 한꺼번에 처리해야만 하는 부담 탓에 학습능력이 떨어진다. 마치 여러 앱을 켜놓으면 CPU의 처리능력이 떨어지는 것과 같다.

독서를 할 때도 마찬가지다. 역시 책 정보와 음악 정보가 부딪쳐 이해도는 떨어진다. 가사가 있는 곡은 특히 강한 영향력을 미친다. 멜로디, 가사, 책의 내용이라는 3가지 요소를 뇌가 동시에 처리하지 못하기 때문에 작업 효율이 더 떨어질 수밖에 없는 것이다. 그러니까 독서 중에 배경음악은 없는 게 좋다.

하지만 납득하기 어렵다는 사람도 있을 수 있다. 배경음악 때문에 수월하게 공부한 경험이 있는 사람도 적지 않기 때문이다. 그렇다면 실험에서는 정반대의 결과가 나오는데, 왜 많은 사람들이 배경음악을 사용하는 걸까?

이유는 음악이 기분을 개선시키기 때문이다.

좋아하는 곡을 들으면 인간의 뇌 속에는 도파민이나 아드레날린 같은 물질이 증가한다. 도파민이나 아드레날린은 동기부여와 활력에 관련된 뇌내 호르몬으로 우리의 기분을 고양시켜 긍정적인 마음으로 바꾸어 준다. 즉 뇌의 작용이 향상된 것은 아닌데도 긍정적인 감정이 된 탓에 마치 작업 효율까지 오른 것처럼 착각하는 것이다.

학습 효율을 올리는 최강의 음악 사용법

배경음악은 글을 읽는 과정을 방해하고 기억력에도 안 좋은 영향을 미친다. 이러한 현상이 일어나는 것은 원래 인간의 뇌가 멀티태스킹을 할 수 없는 구조로 되어 있기 때문이다.

배경음악은 뇌에 부담이 된다

뇌가 2가지 정보를 동시에 처리해야 하기 때문에
작업 효율이 떨어진다.

하지만 음악을 사용해 학습 효율을 올리는 방법이 딱 한 가지 있다. 영국 웨일스대학이 내놓은 '뮤직 웜업 테크닉'이다.

1. 공부하기 10분 전까지 좋아하는 곡을 듣는다.

2. 음악을 끄고 공부를 시작한다.

3. 공부를 중단하고 휴식할 때 또 좋아하는 곡을 듣는다.

이런 식으로 학습을 진행하면, 음악의 이점을 최대한 살릴 수 있다. 공부하기 직전까지 좋아하는 곡을 들으면 마음이 긍정적으로 바뀌고, 그 기세를 유지한 채 공부에 몰두할 수 있다.

뮤직 웜업 테크닉

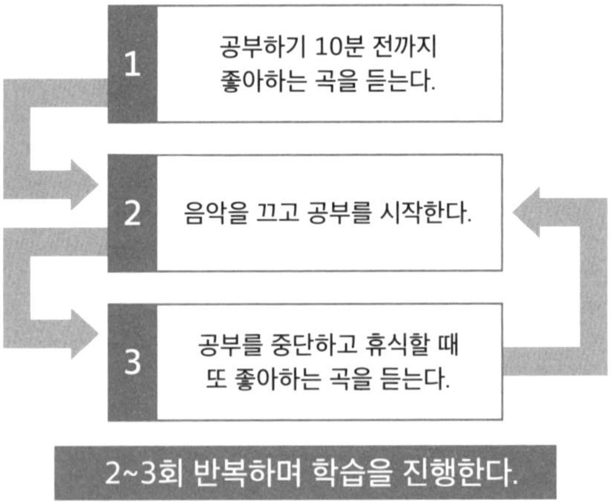

이 사실을 알고 나서 나도 작업 중에는 배경음악은 완전히 끄고 대신 작업하기 직전에 좋아하는 곡을 듣는다. 책을 읽거나 공부를 하는 중에는 주변 소음을 완전히 차단하는 고성능 노이즈 캔슬링 헤드폰을 껴서 환경음도 완전히 차단하고 있다.

배경음악이 없으면 처음에는 허전하게 느껴질 수도 있다. 하지만 익숙해지면 확실히 집중력이 향상된다. 이때 귀마개를 사용해도 좋다. 공부하는 데 방해되는 환경음을 가능하면 제거하고 공부에 몰두하도록 해 보자.

자연의 소리는 뇌의 주의력을 높여준다

앞에서 환경음을 들어도 뇌의 성능이 떨어진다는 점을 언급했다. 인간의 뇌는 소음에 민감하기 때문에 말소리나 차의 엔진소리 같은 대수롭지 않은 소리에도 신경을 쓰게 된다. 그런데 여기에는 예외가 있다. 바람소리와 새소리 같은 자연음은 오히려 인간의 주의력을 높인다.

자연음 효과를 조사한 실험에서 시냇물소리와 귀뚜라미소리를 5분 정도 들은 실험 참가자는 즉시 반응이 일어났고 집중력 테스트 성적도 올랐다. 이 효과는 평소에 스트레스가 많은 사람일수록 높았기 때문에 공부하기 전에 기분을 전환하기 위해서 자연음을 들으면 쉽게 집중할 수 있다.

자연음의 특징은 인간에게 적당한 집중력을 유지하는 데 도움을 준다는 점이다.

우리 뇌는 너무 편안하면 마음이 느슨해지고 주의력을 유지하기 어렵다. 반대로 흥분하면 지나치게 집중이 돼 시야가 좁혀진다. 이때 자연음은 인체의 휴식과 흥분 시스템에 동시에 작용하여, 양자의 균형을 제대로 조절해 준다.

자연음을 제공하는 어플도 무료로 많이 공개되어 있다. 적당한 것을 다운받아 공부 중에 듣는 것도 좋다.

Point

- **음악을 들으면서 공부하면 효율이 떨어진다.**
- **'무음'이나 '자연음'으로 공부가 잘되는 환경을 만들자.**

전략적 자원 이용법 7단계

공부하기 전 준비 5

잠재적인 학습능력을 최대한으로 끌어내는 7가지 스텝

실력이 없는 것도 아닌데 시험 결과는 늘 나쁘게 나오는 사람이 있다. 이해력이 좋은데도 왠지 성적으로는 연결되지 않는다.

이 타입은 공부를 준비하는 단계에서 잘못했을 가능성이 크다. 따라서 공부를 시작하기 전에 시간 보내는 방법을 좀 바꾸기만 해도 잠재력을 비약적으로 높일 수 있다.

전략적 자원 이용법은 그런 타고난 능력을 잘 발휘하지 못하는 사람을 위해 스탠퍼드대학의 연구팀이 개발한 기술이다.

여기서 말하는 자원이란 예를 들어 다음과 같은 것을 가리킨다.

- **학생의 경우 : 교과서나 참고서, 온라인 학습 사이트, 교사, 공부 잘하는 친구 등**
- **직장인의 경우 : 자료, 데이터, 상사, 일에 관련된 인맥, 비즈니스 서적 등**

이처럼 문제를 해결하는 데 도움이 될 만한 수단이나 데이터, 인간관계는 모두 자원으로 파악해도 된다. 이들 자원을 어떻게 쓸지 잘 생각해 미리 세세하게 대응전략을 정하는 것이 전략적 자원 이용법이다.

이렇게 말하면, 여러분 중에는 '바로 공부에 들어가는 것이 좋지 않으냐'고 생각하는 사람도 있을 수 있다. 가뜩이나 시간이 없는데, 일일이 참고서 사용 방법을 생각하고 시작하는 것은 시간 낭비라는 것이다.

하지만 그런 생각은 버리기 바란다.

전략적 자원이란?

자원 = 자산·자원

전략적 자원은 문제해결에 도움이 될 만한 수단이나
데이터, 인력 등 모든 것이다.

학생

자원의 예
교과서
참고서
학습 사이트
교사
공부 잘하는 친구

직장인

자원의 예
자료
데이터
상사
인맥
비즈니스 서적

당신이 처음 가는 나라를 여행할 생각이라면 어떤 행동을 먼저 해야 할까?

아무 생각 없이 비행기를 타고 무작정 현지로 떠나는 사람은 거의 없을 것이다. 먼저 어디를 가서 무엇을 할지 원하는 활동을 적고, 몇몇 가이드북이나 사이트를 비교하며 어떤 순서로 관광지를 돌아다닐지 꼼꼼히 정해 두는 것이 보통이다.

공부도 마찬가지다. 새로운 지식을 배우는 것은 낯선 땅에 처음 가는 것과 같다. 사전에 계획을 세우지 않으면 효율이 오르지 않아 귀중한 시간을 낭비하는 결과로 끝나기 쉽다.

공부 시간을 늘리는 것만으로는 의미가 없다. 정말 중요한 것은 한정된 자원을 어떻게 사용할지를 전략적으로 생각하는 것이다. 시간이 없을수록 사전 준비에 시간을 써야 한다.

전략적 자원 이용법의 7단계

전략적 자원 이용법은 다음의 7단계로 실시한다.

■ 1 : 성적 판단

우선 공부하기 전에 시험에서 어느 정도의 성적이 나오기를 원하는가를 종이에 적는다.

■ 2: 중요도 측정

그 성적이 자신에게 얼마나 중요한지를 100점 만점으로 점수를 매긴다. 이번에는 그저 그런 점수를 받아도 괜찮다면 60점 정도일 것이고, 내신에 영향이 있다면 100점에 가까울 것이다.

■ 3: 자신감 측정

그 성적을 얻는 데 어느 정도 자신이 있는지를 100점 만점으로 점수를 매긴다. 100점은 틀림없이 목표점을 맞추는 수준이고, 0점은 완전히 불가능한 수준이다.

■ 4: 문제 예상

시험에 어떤 문제가 나올지 예상하고 종이에 써놓는다. 틀림없이 나올 것이라고 생각하는 것을 2~3개 정도 뽑아본다.

■ 5: 자료 뽑기

공부할 곳을 자료나 참고서에서 최대 5곳까지 압축해 종이에 적는다. 참고서 1권을 1개로 세는 것이 아니라 자료나 참고서의 특정 페이지나 단원을 뽑는다.

■ 6: 이유 판정

선택한 자료나 참고서가 쓸 만하다고 생각한 이유를 종이에 적는다. '이 참고서는 알기 쉽게 설명되어 있다'거나 '문제의 변형이 많기 때문'이라는 식으로 그 자료가 자신에게 중요한 이유를 생각해 보고 종이에 적는다.

■ 7: 사용법 판정

그 자료나 참고서를 어떻게 쓸 것인가를 종이에 적는다.

'이 참고서는 기본적인 설명이 잘되어 있으니까 처음에 정독하자' '이 문제집은 응용편이 충실하니까 그곳만 중점적으로 하자' 식으로 자료를 사용하는 순서를 대충 생각한다.

그리고 '그 분야를 잘하는 친구 A와 함께 공부하면서 모르는 것을 물어보자' 등등 인간관계의 자원도 어떻게 사용할 것인지 생각한다.

귀찮고 시간도 걸릴 것 같지만, 전략적 자원 이용법에 많은 시간이 필요한 것은 아니다.

스탠퍼드대학의 실험에서는 하루 5분씩 미리 계획을 세우는 것만으로도 참가자의 성적이 오르고 스트레스 수준도 크게 줄어들었다. 자료나 참고서, 인간관계를 잘 사용하여 성과로 나타난 것이다.

같은 능력을 갖고 같은 노력을 해도 전략적인 사고 여부에 따

전략적 자원 이용법 7단계

단계		
단계 1 성적 판단	100점	테스트에서 어느 정도의 성적이 나오기를 원하는지 종이에 적는다.
단계 2 중요도 측정	60점	성적이 자신에게 얼마나 중요한지를 100점 만점으로 점수를 매긴다.
단계 3 자신감 측정	80점	그 성적을 얻는 데 어느 정도 자신이 있는지를 100점 만점으로 점수를 매긴다.
단계 4 문제 예상	Q. Q. Q.	테스트에 어떤 문제가 나올지 예상하고 종이에 적는다.
단계 5 자료 뽑기	A C E	자료나 참고서라면 공부하는 데 유용하게 쓸 만한 곳을 종이에 적는다.
단계 6 이유 판정	이유 이유	그 자료나 참고서가 유용하다고 생각한 이유를 종이에 적는다.
단계 7 사용법 판정	자료는 참고서는	그 자료나 참고서를 어떻게 사용할 것인지 종이에 적는다.

라 결과는 크게 바뀐다. 하루 15분만 공부하기 전에 계획을 세워 보자.

전략적 자원 이용법은 비즈니스에도 응용할 수 있다

전략적 자원 이용법은 비즈니스 현장에서도 활용할 수 있다. 구체적으로는 다음 같이 하면 된다.

1. 일하기 전에 어떤 성과를 원하는지 종이에 적는다.
2. 그 성과가 자신에게 얼마나 중요한지 100점 만점으로 점수를 매긴다.
3. 그 성과를 올리는 데 어느 정도 자신이 있는지를 100점 만점으로 점수를 매긴다.
4. 그 일을 하면서 어떤 문제가 일어날 것 같은지, 어떤 성과가 요구되는지를 생각하고 종이에 적는다.
   (어떤 마케팅이 필요한가? 어떤 판매법이 필요한가? 등등)
5. 그 과제를 해결하는 데 도움이 될 만한 자료나 데이터, 인맥, 비즈니스 서적 등 최대 15가지를 종이에 적는다.
6. 그 자료가 왜 도움이 된다고 생각하는지 종이에 적는다.
7. 그 자료를 어떤 식으로 사용할 계획인지 종이에 적는다.

이와 같은 절차를 밟으면 '자사의 상품은 질이 좋지만 광고의 미비로 성공하지 못했다. 광고 효과를 보기 위해서는 카피라이팅 기술 및 마케팅 데이터가 필요하다'는 식으로 눈앞의 문제점과 해결의 로드맵이 보인다.

이렇게 해서 방향을 정했다면 '인터넷 광고에 돈을 쓰기 전에 좋은 슬로건을 생각해야 한다'는 등 우선순위를 매기기도 쉽다.

노력의 방법이 성과를 좌우하는 것은 분명하다.

자연에는 집중력을 최적화시키는 힘이 있다

1주일에 한 번만 자연을 접해도 집중력은 배가 된다

앞에서도 언급했듯이 자연에는 우리의 집중력을 최적화시키는 힘이 있다. 공부에 집중하기 어려울 때에는 자연의 힘을 빌려 효율을 높여 보자.

자연음을 들을 수 있는 앱을 사용해도 좋고, 책상 위에 작은 관엽식물을 두는 것도 좋다. 공부에 자연을 끌어들이는 방법은 여러 가지이지만, 권하고 싶은 것은 나무에 둘러싸인 환경에서 공부하는 것이다.

식물이 많은 공원 근처의 도서관이나 관엽식물을 많이 키우는 카페 등 어떤 곳도 상관없다. 여튼 평소보다 자연이 풍부한 곳에

서 공부하면 집중력이 2배가 된다는 실험 결과가 있다.

2018년 일리노이대학의 한 연구팀이 300명의 아이들을 모아 2개 그룹으로 나누었다.

1. 자연이 있는 공원에서 일주일에 1회 수업한다.
2. 태블릿이나 전자칠판 같은 최신 설비가 갖춰진 교실에서 일주일에 1회 수업한다.

아이들은 기본적으로 밖에서 떠드는 것을 좋아한다. 교실 밖에서 수업하면 제대로 공부가 되지 않을 것으로 생각하기 쉽지만, 10주 후 조사한 결과는 예상 밖이었다. 교사들이 수업 때마다 학생들의 집중도 점수를 매긴 결과, 자연 속에서 수업을 한 아이는 보통 반 아이들에 비해 집중력이 2배나 높았던 것이다.

더 대단한 점은 이 변화가 교실에 돌아온 뒤에도 확인되었다는 점이다. 자연 속에서 공부한 아이들은 그 후 1주일 동안 줄곧 높은 집중력을 유지했다.

자연의 이점을 얻는 데는 일주일에 한 번만으로도 충분하다. 휴일 등에 녹음이 짙은 공원에서 공부한다면 우리의 집중력은 배가 되고, 또 이후 일주일 동안 지속적인 효과를 볼 수 있다.

물론 기회가 있으면 일주일에 한 번이 아니라 매일 해도 상관없다. 시간이 났을 때 자연 학습이 가능하도록 미리 근처의 공원이나 하천 부지 등을 알아두면 좋다.

공부하기 전에 맨발로 걸으면 워킹메모리가 높아진다

나도 자연의 힘을 빌리는 경우가 종종 있다. 최근에는 날씨가 좋아 아침에 근처 숲에 나가 책이나 논문을 읽기도 한다. 4시간 정도 책에 빠져드는 경우도 있지만, 피로를 느끼지 않고 집중력을 유지하는 걸 보면 신기할 따름이다. 자연의 힘 때문이다.

여기서 한 가지 권하고 싶은 것이 있다. 공부하기 전에 맨발로 잔디나 흙 위를 걸으라는 것이다.

이것은 노스플로리다대학의 연구팀이 고안한 수법으로, 잔디 위를 맨발로 가볍게 달린 실험 참가자는 신발을 신고 뛴 그룹에 비해 워킹메모리와 시험 성적이 16퍼센트 높아졌다.

워킹메모리는 '단기적으로 정보를 처리하는 뇌의 기능'이다. 예를 들어 일상적인 대화를 원활하게 진행하거나 일시적으로 쇼핑 리스트를 기억해 두거나 암산을 할 때 등에 사용하는 작업기억이다.

책상에 비유하자면, 워킹메모리는 책상의 넓이다. 책상이 넓을수록 많은 서류나 자료를 펼쳐놓을 수 있으므로 작업하기 쉬운 것은 당연하다.

반대로 작은 책상을 사용하면 자료를 놓을 공간이 좁아지고 서랍이나 책장에서 서류를 꺼내야 하기 때문에 아무래도 작업 속도가 늦어진다. 이것은 워킹메모리의 기능이 낮은 상태다.

그래서 재빠른 판단이 필요한 상황일수록 워킹메모리 기능이 높아야 한다. 실제로도 워킹메모리 기능이 높은 학생일수록 성적이 좋은 경향도 보고되고 있다. 그만큼 공부하는 데 워킹메모리는 중요하다.

맨발로 걷거나 뛰었을 때 워킹메모리가 높아지는 이유는 분명하지는 않지만 발바닥에는 민감한 신경이 모여 있어 신발을 벗는 쪽이 자연을 있는 그대로 느낄 수 있기 때문일 것이다. 발바닥이

워킹메모리란?

워킹메모리 = 단기적으로 정보를 처리하는 뇌의 기능.
비유하자면, 책상 같은 것으로 넓으면 넓을수록
처리 능력은 커진다.

더러워진다고 싫어하는 사람도 있겠지만 시도해 볼 가치가 있는 것은 분명하다.

귀여운 동물을 봐도 집중력이 높아진다

자연을 접할 기회를 만들기가 어려운 사람도 시도하기 쉬운 방법을 소개하겠다. 그것은 귀여운 고양이나 강아지의 사진을 보는 방법이다.

의외로 알지 못하기가 쉽지만, 개나 고양이 등의 동물도 인간에게는 자연을 느끼게 만드는 주요 요소이다. 동물을 봤을 때도 우리의 뇌는 자연을 느끼고, 뇌의 집중하는 힘이 적절한 상태로 유지된다.

실증 연구도 여럿 있다. 한 실험에서는 귀여운 고양이와 강아지 사진을 본 학생은 그 뒤에 실시된 집중력 테스트의 성적이 올랐고, 작업을 보다 정확하게 소화했다. 데이터에 따르면 섬세한 주의력이 필요한 상황일수록 귀여운 동물의 사진은 효과가 있는 것으로 알려져 있다.

치밀한 계산이 필요한 수학 문제나 자세한 역사적 사실을 공부해야 하는 상황에서 한번 사용해 볼 것을 권한다.

의지가 약한 사람은 '동조압력'을 이용하라

친구나 동료로부터 받는 동조압력을 이용한다

인간의 집중력은 흔들리기 쉽다. 특히 공부는 뇌가 받는 부하가 크기 때문에 마음이 흔들리기가 쉽다.

여기에서 권하고 싶은 것이 또래 집단의 '동조압력(peer pressure)'이다. 동조압력은 '동류 집단으로부터 받는 사회적 압박감'을 뜻하는 말로, 바람직하지 못한 현상을 설명할 때 자주 쓴다.

- 상사가 야근을 하니까 퇴근하지 못하고 헛되게 시간을 보낸다.
- 주위 의견이 자신과 달라도 반대 제안을 내놓기 어렵다.
- 인기 많은 반 친구가 무시한 아이를 다들 함께 괴롭힌다.

요컨대 동조압력은 '다들 하니까 자신도 한다'는 심리를 가리키며, 위 예만을 보면 부정적인 인상이 강할 수도 있다.

하지만 '주위에 흐르는 마음'을 좋은 방향으로 사용할 수도 있다. 또래간의 압력에는 좋은 압력과 나쁜 압력, 두 종류가 있기 때문이다.

앞의 사례로 본 것처럼 나쁜 압력은 '나는 없고 집단에 맞추게 하기 때문에 생산성도 떨어지고 때로 안 좋은 쪽으로 이어져버리는 타입의 압력'이다. 그러나 다음과 같이 좋은 방향의 또래간 압력은 긍정적인 행동을 일으키는 작용을 하기도 한다.

- **주위 친구가 열심히 공부를 하고 있으니까 나도 하지 않으면 안 될 것 같다.**
- **아무도 쓰레기를 버리지 않으니까 함부로 버려서는 안 될 것 같다.**

음식점의 화장실 등에서 "늘 깨끗이 사용해 주셔서 감사합니다"라고 써놓은 것을 볼 수 있는데, 이것은 또래간의 좋은 동조압력 효과를 노린 것이다.

주위의 압력으로 셀프컨트롤 능력은 배가 되다

최근 몇 년의 연구에서 인간이 자기 자신의 감정이나 의지를 억제하고 조절하는 셀프컨트롤(자기조절) 능력은 동조압력으로 간단히 향상시킬 수 있는 것으로 알려졌다.

콜로라도대학 연구팀은 4살 된 아이들을 대상으로 '마시멜로 실험'을 실시했다. 진행자는 아이들을 마시멜로가 놓인 방으로 안내하고 나서 "잠시 마시멜로를 먹지 않고 참으면 나중에 하나 더 주겠다"고 했다.

이 때 연구팀은 아이들을 2개 그룹으로 나누었다.

1. 그냥 참게 한다.
2. 다른 아이들은 마시멜로를 먹지 않고 참았다는 말을 해준다.

물론 또래간의 동조압력이 작용한 것은 두 번째 그룹이다. 다른 아이도 참았다는 압력으로 아이들의 행동이 얼마나 변하는지 확인했다.

결과는 연구팀도 놀랄 만한 수준이었다. 또래간의 압력을 받은 아이들은 그렇지 않은 아이에 비해서 마시멜로를 먹지 않고 참은 확률이 2배나 되었기 때문이다.

말할 것도 없이 자기 자신을 조절하는 자제력이 없으면 공부하는 중에 딴 곳에 마음을 빼앗겼을 때, 다시 공부로 의식을 되돌리기는 어렵다.

또래간의 동조압력이 집중력을 유지하는 데 필수적인 능력을 아주 간단하게 올려준다면 누구나 시도해 봄직하다.

또래간의 압력을 이용한 동조압력 실험

마시멜로를 먹지 않고 참을 확률이 2배나 높다.

동기부여가 되는 환경에서 공부한다

동조압력을 공부하는 데 활용하고 싶다면, 열심히 공부하는 사람이 많은 곳에서 공부하는 것도 좋은 방법이다.

집에서 공부하는 것도 좋지만 아무래도 뇌가 주위 환경에 익숙해 조금씩 집중력이 떨어진다. 익숙한 환경에서는 뇌가 좀 딴 짓을 해도 문제는 없다고 생각하기 쉽기 때문이다.

이때 또래간의 동조압력이 필요하다. 시험공부에 열중하는 학생이 많은 도서관이나 리포트를 쓰느라 여념이 없는 대학생이 모이는 카페처럼 동기부여가 될 만한 사람들로 북적거리는 장소를 선택하면 우리의 집중력도 자연히 높아진다.

다르게 말하면 즐거운 얘기를 나누는 손님이 많은 카페는 집중력 향상에 부적합하다는 얘기다. 공부나 일에 몰두하는 학생이나 직장인이 많이 모이는 카페 등을 알아두면 좋다.

또래간의 동조압력으로 집중력을 높이는 또 하나의 좋은 방법은 공부 잘하는 친구를 늘리는 것이다.

인간의 생산성은 친구나 동료의 영향을 강하게 받는 것으로 알려져 있다. 과거 하버드대학이 실시한 실험에서는 작업량이 적은 사람을 생산성이 높은 동료 옆에 앉게 했더니 금세 작업 효율이 7퍼센트나 향상됐다는 결과도 있다.

동료의 영향이 나쁘게 작용하는 경우도 물론 많다. 부정적인 사람이 가까이에 있으면 생산성은 크게 낮아지고 사적인 인간관계까지 깨지기 쉽다. 이렇게 우리는 동료의 영향을 받기 쉬운 생물이다.

이 문제를 막으려면 또래간의 동조압력을 올바르게 사용하려고 의식하는 수밖에 없다. 부정적인 친구는 멀리하고 긍정적이고 열심히 하는 친구와 함께하는 시간을 늘리도록 하자.

Point

- **의지가 약한 사람은 '동조압력'을 이용하라.**
- **열심히 공부하는 사람이 많은 곳에서 공부가 잘된다.**

제4장

기억에 남는 것이
바뀐다!

공부한 후의 5가지 테크닉

성적이 좋은 사람은 공부한 후 뇌를 사용하지 않는다

Intro

열심히 공부해서 잘 외워두는 것만으로는 시험에서 좋은 성적을 기대하기 어렵다. 공부한 지식이나 정보를 유용한 지식으로 바꿀 필요가 있다.

수험생은 공부한 실력을 제대로 발휘해야 하고, 직장인이라면 배운 스킬을 문제해결에 활용할 수 있어야 한다. 지식을 머리에 담아두기만 해서는 성과를 내기가 어렵다.

그렇다면 단편적인 지식을 유용한 지식으로 바꾸려면 어떻게 하면 좋을까?

그 답은 공부한 후, 시간 보내는 방법에 있다.

참고서의 문제를 푼 뒤나 집중해서 수업을 받은 뒤에 시간을 어떻게 쓰는지에 따라 우리의 응용력은 크게 달라진다.

자세한 시간 사용법은 나중에 설명하겠지만, 시간 사용법의 핵심을 한마디로 말하면 공부한 후에는 뇌를 사용하지 말아야 한다는 것이다.

공부를 마친 후에 '또 같은 문제를 틀렸다'라든지 '내일은 그 단원을 공부해야겠는데' 하며 안타까워하지 말고 일단 공부에 대한 의식을 완전히 버려야 한다. 이 단계를 거치지 않으면 응용력은 길러지지 않는다.

뇌의 2가지 모드를 전환하라!

왜 공부한 후에는 의식을 바꾸는 작업이 필요할까? 앞에서 이미 소개했듯이 우리의 뇌가 2가지 모드를 사용해 정보를 처리하기 때문이다.

- **집중모드 : 한 가지 정보에만 의식이 향하는, 필사적으로 지식을 끌어 모으려고 하는 상태**
- **완화모드 : 뇌가 편안해진 상태에서 머릿속에 있는 정보를 연결시키려고 하는 상태**

학습 성과를 내기 위해서는 집중모드와 완화모드 양쪽 다 필요하다.

예를 들어 역사를 공부한다면, 먼저 집중모드에서 '1919년 파리강화회의가 열렸다'와 같은 특정 정보를 흡수해야 한다. 그런 다음 머리를 완화모드로 전환한다. 그래야 '파리강화회의는 영국과 일본의 동맹이 해체되는 원인이 되었구나' '중동문제와도 연결되는구나' 식으로, 머릿속에서 다른 지식과 차례로 연결된다. 완화모드 덕에 배운 정보가 점에서 선이 되고, 보다 응용이 가능한 지식으로 바뀐다.

알고 있는 지식은 많은데도 시험에서 좋은 성적을 내지 못하는 사람 중에는 공부한 후에 완화모드로 전환하지 않고 뇌를 계속 회전시키는 경우가 많다. 이래서는 뇌가 쉬지 못하기 때문에 아무리 시간이 지나도 점이 선으로 발전하지 못하고 점에 머물러 있을 수밖에 없다.

공부한 만큼 성과를 내느냐 못 내느냐는 적절한 완화, 즉 집중 후에 취하는 휴식의 질에 의해 좌우된다고 볼 수 있다.

이 장에서는 완화모드의 힘을 최대한 끌어올리는 기법을 소개하겠다.

보상 차원의 낮잠을 적극 활용하라

10분만 낮잠을 자도 뇌는 회복된다

예전에는 낮잠을 게으름의 상징으로 여겨 나쁘게 생각했지만, 이제는 옛말이 되었다. 최근에는 '파워 냅(power nap, 효과적인 낮잠)'이라고 불리며, 낮잠이 생산성을 올려주고 건강에도 좋다고 알려져 있다. 구글이나 나이키와 같은 기업에서는 낮잠을 권장하고 있다. 낮잠의 효과를 입증한 실험 결과도 많다. 낮잠을 자면 좋은 점으로는 다음과 같은 것들이 있다.

· 10-20분의 낮잠

인지 기능 향상에 도움이 되고, 집중력과 생산성이 올라간다.

· 30분의 낮잠

얕은 잠 상태에 들어가기 때문에 피로회복 등에 효과가 있다.

· 40~60분의 낮잠

아직 효과가 검증되지는 않았지만, 온몸이 재충전되어 떨어졌던 뇌기능이 원상태로 회복되는 것으로 보고 있다.

추가 연구가 필요하긴 하지만 기본적으로 낮잠이 좋다는 것은 의심할 여지가 없다.

10분 내지 20분 정도의 짧은 낮잠에도 인간의 뇌는 빠르게 회복되니 시도해 보기 바란다.

자신에게 주는 상과 낮잠을 조합한다

여기서는 여러 수면 방법 중에서도 특히 학습 성과를 내는 데 도움이 되는 보상 차원의 낮잠을 소개한다. 낮잠을 자신에게 주는 상과 조합함으로써 장기기억을 높이는 수법이다.

보상 차원의 낮잠

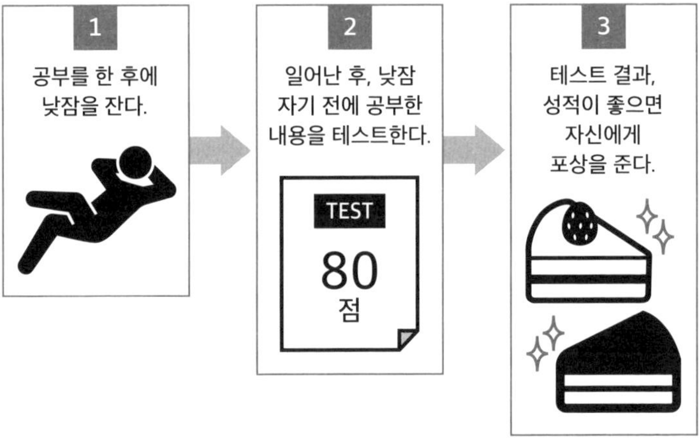

1. 공부를 한 후에 낮잠을 잔다.
2. 일어난 후 낮잠 자기 전에 공부한 내용을 테스트한다.
3. 테스트 결과, 성적이 좋으면 자신에게 포상을 준다.

이상과 같은 방식으로 낮잠을 자면 공부에서 성과를 내기 쉽다.

이는 제네바대학이 효과를 확인한 방법으로, '기억력 테스트에서 성적이 좋으면 상품을 받을 수 있다'는 말을 들은 실험 참가자는 '성적이 좋아도 아무것도 주지 않는다'는 말은 들은 그룹보다 정답률이 높았다.

3개월 후에 모든 실험 참가자를 대상으로 예고 없이 테스트를 한 결과 역시 '성적이 좋으면 상품을 받을 수 있다'는 말을 들은 그룹 쪽이 고득점을 냈다. 낮잠을 보상과 조합하면, 그때그때의 기억력 향상에 좋을 뿐 아니라 정보가 장기기억으로 이어지기 쉽다는 것을 알 수 있다.

포상 내용은 자신이 진심으로 기쁘다면 대상은 무엇이든 좋다. 과자든 게임이든 만화든 무엇이든 상관없다. 테스트 결과가 좋으면 '그것'이 기다리고 있다는 설레는 마음이 클수록 효과가 높다.

실험에서는 낮잠을 90분 자게 했으나, 그 정도로 많이 잘 필요는 없다. 학습 후에 5~10분만 낮잠을 자도 공부 효율이 올라간다는 실험 결과도 있다. 이렇게 낮잠은 짧은 시간으로도 효과를 볼 수 있다.

포모도로 테크닉+보상 차원의 낮잠

여기서 내가 추천하고 싶은 것은 보상 차원의 낮잠에 포모도로 기법과 휴식을 더하는 방법이다.

포모도로 테크닉(pomodoro technique)은 25분 동안 집중하고 5분 동안 휴식을 취하는 방식으로, 짧은 시간 동안 높은 집중력을 발휘해 공부한 다음 잠깐의 휴식을 주는 시간 관리법이다.

이 기법은 집중 시간이 짧아 고민하는 사람에게 권할 만한 방법으로 장시간 효율적으로 공부하는 데 도움이 된다. 포모도로 테크닉은 '인간의 집중력에는 한계가 있고(보통 25분 정도), 적당한 때에 아주 조금(5분 정도) 휴식을 취하면 상당히 회복되어, 다시 집중으로 돌아갈 수 있다'는 이론에 바탕을 둔 것이다. 이렇게 하면 피로가 누적되지 않아 더 오래 집중할 수 있다.

공부는 엉덩이로 하는 것이라는 생각으로 2~3시간 계속 자리에 앉아 있는 것을 당연하게 생각하는 사람도 있다. 그렇게 해야 공부에 효율이 생기는 듯한 기분이 들기는 하지만, 사실은 지쳐서 그 후의 공부 효율이 떨어지게 마련이다. 집중한 후 잠깐 휴식을 취해야 하루 전체의 효율이 바짝 오른다.

☞ **포모도로 테크닉 : 25분 동안 집중 → 5분 휴식**

25분 동안은 컴퓨터나 스마트폰의 알림 기능을 완전히 끄고 오로지 눈앞의 작업에 몰두한다. 이어 5분은 작업에서 벗어나 철저하게 뇌를 쉬게 한다.

포모도로 테크닉은 단순히 집중력 향상에만 좋은 것이 아니다. '의식적으로 집중하는 능력'과 '아무 생각도 하지 않는 능력'도 높여준다. 둘 다 학습의 성과를 올리는 데는 필수적인 기법이므로 일상적으로 이용하면 많은 도움이 될 것이다.

포모도로 테크닉과 보상 차원의 낮잠을 혼합할 경우는 '25분 → 5분' 식으로 해도 상관없지만, 시간에 집착하지 하지 않아도 된다.

포모도로 테크닉 사이클을 이용한다

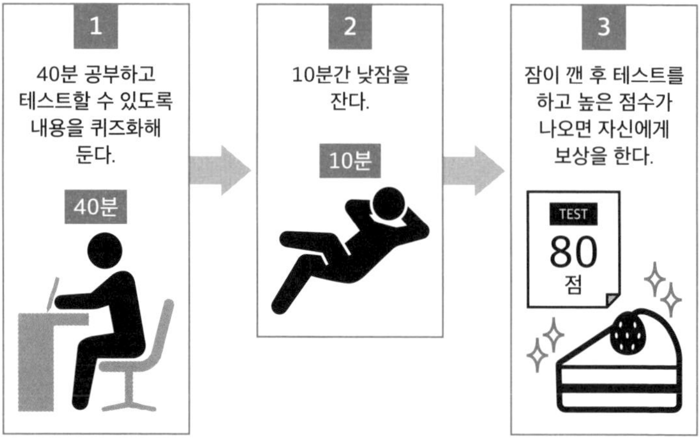

제2장에서 소개한 '90분 → 20분' 방식을 사용해도 좋고, '40분 → 10분'의 오리지널 사이클을 사용해도 좋다. 무엇보다 자신에게 맞는 리듬으로 하면 된다.

예를 들어 '40분 → 10분'의 사이클을 사용한다면 구체적인 절차는 이렇게 된다.

1. 40분 공부하고 그 사이에 공부한 것을 나중에 테스트할 수 있도록 퀴즈화해 둔다.

2. 10분간 낮잠을 잔다.

3. 잠이 깬 후 낮잠을 자기 전에 만들어둔 테스트를 하고 높은 점수

가 나오면 자신에게 사전에 정해 놓은 보상을 준다.

어떤 사이클을 사용하든 집중한 후에는 철저하게 뇌를 완화시키는 시간을 갖는 것이 좋다. 이 기본만 파악해 두면 어떤 방법과 조합해도 효과가 나온다.

눈을 감고 쉰다

여러분 중에는 낮잠이 어려운 사람도 있을 것이다. 눈을 감은 즉시 잠이 들면 좋지만 '10분 동안 낮잠을 자기는 그리 간단하지 않다'고 느끼는 사람도 적지 않다.

그렇다고 걱정할 필요는 없다. 완전히 잠에 빠지지 않더라도 눈을 감는 것만으로 충분히 효과가 나온다. 어느 한 실험에서 실험 참가자가 짧은 소설을 2권 읽은 뒤 2가지 방식으로 휴식을 취했다.

1, 눈을 감고 쉰다.
2. 책의 내용과 관계없는 게임을 한다.

'눈을 감고 쉰다'는 것은 아무 생각도 하지 않고 멍하게 있는 것을 말한다. 이 실험에서는 참가자에게 어두운 방에서 10분만 눈을 감고 있으라고 했다. 그 10분 동안은 무슨 생각을 하든 상관없다. 책 내용을 생각해도 좋고, 전혀 관계없는 공상을 해도 좋고, 그날 일정을 생각해도 좋다. 아무튼 머리에 떠오르는 생각 그대로 받아들이며 가만히 있으면 된다.

그 뒤 참가자에게 최대한 자세하게 책 내용을 생각하게 했더니, 눈을 감고 쉰 그룹의 기억 정착률이 10퍼센트나 높은 경향을 보였다. 10분 동안 눈을 감고 있기만 해도 새로운 정보가 머리에 남기 쉽다는 것이다.

눈을 감고 쉬면 우리는 주변을 의식하지 않게 된다. 그러면 뇌는 새로운 정보를 받아들일 필요가 없기 때문에 여유가 생긴다. 그 덕에 정보를 다지는 작업에 힘을 집중시킬 수 있어 최종적으로 기억이 오래 정착된다. 이렇게 눈을 감고 쉬는 행동이 뇌기능에 도움을 준다.

반대로 학습한 후에 게임 등을 하면 뇌는 플레이 쪽에 처리 기능을 작동시키기 때문에 기억을 만드는 과정에 힘을 쓰지 못한다. 그 때문에 이제 막 공부한 정보가 머리에 들어오지 않아 기억이 오래 정착되지 않는다.

아무 생각도 하지 않고 쉬는 시간

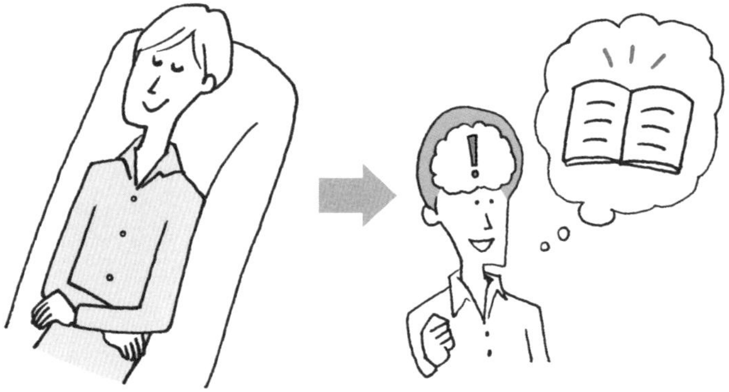

눈을 감고 쉰다.

뇌에 여유가 생겨 기억을
오래 유지시킬 수 있다.

'눈을 감고 쉬는 시간'이 헛된 것 같지만 휴식 중에서도 뇌의 활동은 결코 멈추지 않는다. 오히려 뇌는 게임에 집중한 경우보다 활발하게 정신 활동을 계속한다.

정보가 과도한 현대에는 머리를 식히는 시간을 갖기 어려울 수 있다. 하지만 새로운 정보를 보다 많이 습득하기 위해서는 눈을 감고 쉬는 시간을 계획에 넣어둬야 한다.

수면은 최강의 공부법이다

인터리빙 슬립

공부한 후에는 적절한 수면을 취해야 한다.

이것은 과학적으로 맞는 말이다. 잠자는 시간을 줄여가며 노력해 봤자 정보가 머리에 남지 않기 때문에 시간을 들인 만큼 성과를 얻지 못한다. 우리의 뇌는 완화모드에 들어갔을 때 정보를 정착시키기 때문이다.

그래서 수면은 최강의 공부법이다. 수면 시간은 절대로 줄여서는 안 된다.

그래서 먼저 추천하고 싶은 것이 인터리빙 슬립이다. 인터리빙 슬립은 프랑스 리옹대학의 연구팀이 효과를 확인한 방법으로, 여러 수면법 중에서도 공부 효율을 높이는 데 좋다.

진행 방법은 다음과 같다.

1. 공부를 어중간한 곳에서 마치고 잠을 잔다.

2. 일어나면 전날에 멈춘 곳에서부터 공부하기 시작한다.

이 공부법에서 중요한 것은 1단계다. 참고서 한 단원을 마친 시점에서 공부를 마치는 것이 아니라, 문제를 푸는 도중이나 설명하는 문장의 한가운데처럼 끝까지 하지 않고 중간에 그만둔다. 말하자면 학습 사이에 수면을 끼워 넣는(인터리빙) 것이다.

왠지 개운하지 않은 기분이 들 것 같지만, 그 의식이 오히려 완화모드의 기능을 높여 준다. '그 문제는 어떻게 풀었더라?' '그 다음 설명은 어떻게 이어졌지?' 같은 궁금증이 무의식에 생겨, 그 날 배

인터리빙 슬립

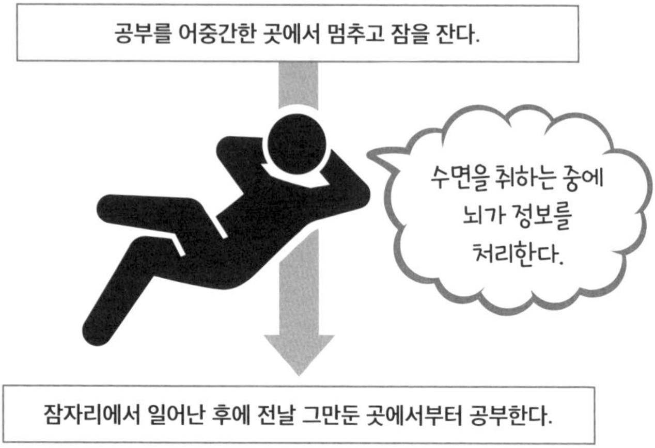

운 정보를 잠을 자는 동안 뇌가 처리하기 시작하기 때문이다.

반면 한 단원을 마무리하는 곳에서 공부를 멈추면 뇌는 '오늘 해야 할 부분은 완전히 끝났구나'라고 판단한다. 마치 뭔가를 해낸 듯한 착각을 일으켜 무의식중에 정보 처리를 게을리하는 것이다.

물론 현실적으로는 다음날도 공부는 계속되지만, 인간의 심리는 '단락'이나 '일단락'이라는 말에 약한 경향이 있다.

새해를 맞고 나면 왠지 지난해 문제가 리셋된 듯한 기분이 드는 것과 같다. 명확한 구획이 가져오는 뇌의 착각에 주의해야 한다.

리용대학 연구팀은 인터리빙 슬립을 이용한 학생은 그렇지 않은 학생보다 단어 시험 성적이 2배나 좋았다는 결과를 발표했다.

이 수면 공부법은 '복습 시간을 줄여주고 공부한 것을 오래 기억하게 하는' 효과가 있다.

'하루의 공부를 끝맺기에는 마땅치 않은 곳에서 마친다'는 것을 기억해 두라.

잠자기 전에 To-Do 리스트를 만들어 둔다

기억의 정착 효과를 높이기 위해서는 다음날 해야 할 공부 목록을 자기 전에 만들어 두는 것도 좋은 방법이다. '수학 제2장 연습문제 풀기'나 '유럽사 부분 20페이지 읽기'처럼 다음날 해야 할 목록을 만들어 둔다.

목록을 만드는 데는 5분이면 충분하다. 그것만으로도 수면의 질이 좋아지고 보통 때보다 잠도 빨리 들 수 있다.

'공부 목록 만들기'는 미국 베일러대학이 효과를 입증한 공부법이다. 잠자기 전에 다음날 해야 할 공부 목록을 적어둔 학생은 여느 때보다 학습 내용을 쉽게 떠올리고, 또 잠이 들기까지의 시간이 평균 9분 정도 빨랐다.

고작 9분이냐고 생각할지도 모르지만 이 시간은 수면제를 사용했을 때의 개선 수준과 큰 차이가 없다. 즉 To-Do 리스트 작성은 약에 맞먹는 효과가 있다는 것이다.

밤에 잠을 잘 못 자는 사람들 중 상당수는 '다음날 할 일에 대한 불안감'이 그 원인인 경우가 많다. 이것은 수면 연구에서도 밝혀지고 있다.

눈코 뜰 새 없이 바쁜 현대 사회에서는 우리의 할 일은 날마다 넘쳐, 그날에 해야 할 일을 만족스럽게 처리하지 못하는 경우도 적지 않다. 다 소화하지 못한 작업은 낮 동안뿐 아니라 자기 전에도 머릿속에 남아서 긴장감을 만들고, 이것이 수면의 질을 떨어뜨린다.

하지만 잠자기 전의 5분을 사용해 To-Do 리스트를 작성하면 상황이 바뀐다. 다음날 해야 할 일이 분명하기 때문에 무거운 짐을 내려놓은 기분이 생겨 불안에 따른 악영향이 격감한다.

부정적인 사고만큼 수면에 나쁜 영향을 미치는 것은 없다. 다음날 해야 할 공부 목록을 머리로만 만들지 말고 직접 작성해 보기를 바란다.

Point

- **공부를 어중간한 곳에서 멈추고 다음날로 미룬다.**
- **불안과 스트레스는 그날 중에 해결하고, 다음날로 미루지 않는다.**

운동으로 뇌기능을 높여라

공부한 후 5분만 운동해도 기억력이 향상된다

뇌의 모드를 전환하는 방법 중 세 번째는 운동이다.

운동은 뇌의 혈류를 올려줄 뿐 아니라 온몸에 영양이 가게 해 굳은 머리를 부드럽게 풀어주는 작용을 한다. 이 모든 작용이 기억에 좋은 영향을 준다.

나의 경우는 아침에 일어나면 근처 숲에서 몸을 움직여서 머리의 혈류가 상승하고 나면 공부를 시작한다. 간간이 낮잠과 휴식을 취해가며 공부를 한 후 저녁에 다시 운동을 하는 것으로 하루 일과를 마친다. 이렇게 하면 오전 중에 높은 집중력을 유지한 채 정보를 받아들이고, 저녁 운동으로 학습한 정보를 오래 가게 할 수 있다.

운동하는 데 많은 시간을 할애하고 싶지 않은 사람도 있겠지만, 공부 효율을 높이는 데 그리 대단한 운동이 필요한 것은 아니다. 결론부터 말하면 공부한 후 단 5분만 운동해도 충분하다.

2017년 오스트레일리아 뉴사우스웨일스대학의 한 연구팀이 다음과 같은 실험을 했다.

실험에 참여한 20대 남녀 전원에게 낯선 사람의 얼굴이 찍힌 사진을 주고 외우게 한 뒤, 참가자 중 절반에게만 걷기 운동 기구에서 5분 정도 걷게 했다. 얼마의 시간이 지난 후에 기억력을 테스트한 결과, 운동을 한 그룹의 남자들은 10퍼센트 가량 성적이 올랐다. 여자들의 경우는 거의 50퍼센트나 기억력이 개선되었다.

남녀 차이가 크게 나는 이유를 알 수는 없다. 다만 일반적으로 여성은 혈액이 하반신에 몰리는 경향이 있기 때문에 가벼운 운동으로도 효과가 컸는지도 모른다. 어쨌든 운동이 학습한 정보를 오래 유지하게 하는 것만은 확실하다.

하루 5분이라도 좋으니까 공부가 끝나면 잠깐 거닐어 보라.

10분의 중강도 신체활동으로 능률을 올린다

5분의 가벼운 운동으로도 공부 효율이 올라간다. 그런데 능률을 더 높이고 싶다면 보다 부하가 높은 중강도 신체활동(Moderate to Vigorous Physical Activity, MVPA)을 최소한 10분은 해야 한다.

중강도 신체활동은 운동 강도 3~6METs 수준으로, 대략 '빨리 걷기' 정도의 부하이다. 살짝 땀이 나고 조금 숨이 차는 정도라고 생각하면 된다.

이 사실은 웨스트런던대학 연구팀이 밝힌 것으로, 10분간 에어바이크를 탄 실험 참가자는 그 직후부터 능률이 개선되었다. 사물을 분석하는 능력이 운동 전보다 14퍼센트나 향상되었다.

이러한 능률 개선 데이터를 근거로 다음과 같이 해 볼 것을 권한다.

1. 공부하기 전에 10분의 러닝으로 뇌기능을 높여둔다.

2. 공부가 끝나면 5분의 워킹으로 기억의 정착을 꾀한다.

공부하기 전후에 운동을 하면 최대한으로 뇌의 능력을 끌어올린 상태에서 정보를 받아들일 수 있게 된다. 공부할 시간이 부족할 때일수록 가벼운 운동을 의식하는 것이 좋다.

운동으로 뇌기능을 올린다

1 공부하기 전에 10분의 러닝으로 뇌기능을 높여둔다.

2 공부가 끝나면 5분의 워킹으로 기억의 정착을 꾀한다.

인터벌 트레이닝으로 장기기억을 최대화한다

만약 당신이 평소 더 힘든 운동을 하고 있다면 그것도 공부 효율을 높이는 데 활용할 수 있다. 한 실험에서는 학생들에게 40분 정도 지리 공부를 하게 한 후 4시간 후에 다음과 같이 여러 방식의 운동을 하게 했다.

1. 최대 파워의 80퍼센트로 에어바이크를 5분 탄다.
2. 최대 파워의 60퍼센트로 에어바이크를 5분 탄다.
3. 1과 2를 3세트 반복한다.

최대 파워의 80퍼센트란 거의 전력에 가까운 유산소 운동에 해당한다. 끝난 후에 완전히 숨이 차서 제대로 말도 못할 수준이다.

최대 파워 60퍼센트란 두세 마디의 대화가 가능한 정도의 부하에 해당한다. 다소 여유는 있지만 역시 정신적인 괴로움은 상당하다.

이렇게 부하가 다른 운동을 번갈아 되풀이하는 방법을 인터벌 트레이닝이라고 한다.

인터벌 트레이닝은 고수가 주로 하는 운동이지만 심폐 기능 향상 효과가 높기 때문에 나도 일상적인 일과에 도입하고 있다.

실험에서는 지리를 공부하고 나서 2일 후에 테스트를 하여 참가자의 기억력을 조사했다. 그 결과는 예상대로 인터벌 트레이닝을 한 그룹의 성적이 가장 높게 나왔고, 운동을 한 그룹은 운동을 하지 않은 그룹에 비해 10퍼센트 정도 기억량이 늘어난 결과를 보였다.

운동을 하면 기억력이 좋아지는 것은 운동은 신경전달물질의 양을 늘리는 작용을 하기 때문이다.

운동을 하면 기억과 학습을 담당하는 뇌유래신경영양인자(Brain-derived neurotrophic factor, BDNF)가 증가해 기억력과 집중력이 올라간다.

이 실험에서는 공부가 끝나자마자 심한 운동을 한 그룹에서는 테스트 성적이 떨어지는 현상도 나타났다.

그 이유는 분명하지 않다. 다만 힘든 운동을 해내는 데는 정신적인 힘이 필요하기 때문에 그만큼 뇌에 부하가 걸려, 공부한 후의 기억을 방해했을지도 모른다고 추측할 수는 있다.

힘든 운동은 어디까지나 마지막 공부를 한 지 4시간 후에 하는 것이 좋다. 공부하기 전후에는 가벼운 걷기나 달리기 정도의 운동을 하자.

Point

- **공부에 운동을 더하면 기억이 정착되는 데 도움이 된다.**
- **공부하기 전의 10분 러닝, 공부한 후 5분 워킹을 해보자.**

명상을 하면 뇌는 완화모드로 전환한다

공부 후 마무리 4

명상 훈련으로 시험성적을 올린다

'마인드풀니스(mindfulness, 마음챙김)' 명상은 오래 전부터 불교에서 사용한 최고의 멘탈 트레이닝이다. 최근에는 과학적 검증이 진행되어, 불안 해소에 높은 효과가 있는 것으로 알려졌다.

마인드풀니스는 여러 가지로 정의하지만, 기본적으로는 '지금 이 순간에 주의를 집중시키는 것'을 의미한다.

- **공부할 때는 SNS나 휴대폰을 의식하지 않고 무조건 공부에 몰두한다.**
- **기획서를 작성할 때는 내일 있을 프레젠테이션에 대해 걱정하지**

않고 오로지 기획서 작성에 몰두한다.

눈앞의 대상에 마음을 빼앗기지 않고 의식을 유지하는 것이 마인드풀니스다. 마인드폴니스는 긴장이나 스트레스로 인해 불안정할 때 뇌를 완화모드로 전환하는 데 아주 도움이 된다.

마인드풀니스는 원래 불안증이나 신경증 대책에 사용된 기법이지만, 최근에는 집중력과 기억력을 향상시키는 방법으로 더 알려져 있다.

캘리포니아대학 연구팀은 48명의 남녀에게 하루 5분간 마인드풀니스 명상을 하게 하는 실험을 했다.

그러고 나서 2주 후에 전원에게 인지 테스트를 하고, GRE(미국의 대학원 입학 자격시험)를 보게 했다. 명상 훈련을 한 그룹은 문서의 이해력과 집중력이 크게 향상되었고, 명상을 하지 않은 그룹보다 GRE 점수가 무려 20퍼센트나 높은 경향을 보였다.

이 결과는 마인드풀니스 명상으로 워킹메모리 기능이 향상되었음을 의미한다. 앞에서 언급한 대로, 워킹메모리 기능이 향상되면 문제를 푸는 능력뿐 아니라 책을 읽는 속도가 향상되고 소통 능력에도 좋은 영향을 미친다. 수험생만이 아니라 모든 사람에게 효과적이라고 할 수 있다.

21까지 호흡의 카운트를 되풀이한다

이 실험에서 사용된 명상법을 소개한다.

1. 양반다리 자세로 앉는 다음 허리를 펴고 시선을 약간 아래쪽에 둔다.

2. 숨을 내쉴 때마다 수를 세는데, 스물 하나까지 센 다음 하나부터 다시 센다.

3. 집중이 안 될 때는 항상 호흡에 의식을 둔다.

미리 정한 시간이 될 때까지 이 작업을 반복한다. 선(禪)의 세계에서는 수식관(數息觀, 마음을 집중시키기 위해 호흡을 세면서 하는 명상법)이라는 이름으로 사용해온 전통적인 명상법이다.

수식관 명상은 명상하는 중에 떠오르는 생각을 남의 일처럼 관찰하면서 계속한다.

호흡을 세다 보면 '다음 주에 시험이 있는데 어쩌지' '요즘 계획한 것만큼 공부를 하지 못했는데' 같은 걱정이 머리에 떠오르기 마련이다. 우리의 뇌는 생각이나 공상을 매우 좋아해서 아무리 집중력이 높은 사람이라도 호흡에만 의식을 집중하기는 어렵다.

이때 '나는 집중력이 없다'고 자신을 비하할 필요가 없다. 미래나 과거에 대한 걱정은 뇌가 낳은 일시적인 이미지일 뿐 지금 시간과는 아무런 관련이 없다는 것을 깨달아야 한다. 다르게 말하면, 머리에 여러 가지 잡념이 떠오르는 것은 뇌가 완화모드에 들어간 증거라고 할 수 있다.

수식관 명상법

명상 중에 불안과 걱정거리가 떠오르면 억지로 짓누르는 것이 아니라 '마음이 그렇게 생각하고 있을 뿐이야'라고 생각하고 넘어간다. 눈앞을 지나가는 차를 바라보는 느낌으로 넘기는 것이다.

사고나 감정이 지나가고 나면 다시 호흡을 세는 일에 의식을 집중한다. 몇 번 되풀이하다 보면 확실한 집중력이 생긴다.

참고로, 이 실험에서 호흡을 21까지 세는 이유는 집중력을 유지하는 데 도움이 되기 때문이다.

10이나 20처럼 끝이 떨어지는 숫자는 친숙하기 때문에 아무래도 타성적으로 세기 쉽고 빨리 싫증나는 경향이 있다. 그런데 '21'이라는 수는 머리가 익숙하지 않은 만큼 쉽게 질리지 않는다.

그렇게 하는 동안 '21'에도 싫증이 났을 때에는 다른 숫자로 바꿔도 상관없다. '33'이나 '45'처럼 적당한 수를 세어도 된다.

일상의 불안이나 고민을 명상 훈련의 기회로 삼는다

앞의 연구에서는 하루 45분의 명상을 권했지만 실제로는 이렇게까지 길게 할 필요는 없다.

위스콘신대학이 연구한 유사 사례에서는 1회 10분의 마인드풀니스 명상으로도 집중력이 오르고 인지 테스트 성적도 향상되었다. 하루 10분이라도 좋으니까 마음을 가라앉히는 명상 시간을 가져보자.

이렇게 말하기는 쉬워도 명상을 습관화하기는 어렵다. 낮잠이나 운동과 달리 마인드풀니스의 효과는 바로 실감하기 어려워 동기부여가 지속되지 않는 경우가 많다.

그럴 때는 일상적으로 느끼는 불안이나 고민을 명상 훈련의 기회로 바꾸어 보는 것도 효과적이다. 구체적으로는 '주의 스위치 트레이닝'이라 불리는 기법을 사용해 불안한 감정이나 사고가 떠오르면 다음과 같이 생각해 본다.

1. 불안이나 고민이 떠오르면, 그것들은 현실이 아니라고 생각한다.
2. 호흡이나 두근거림 같은 신체의 느낌에 주의를 기울인다.
3. 주위 환경에 주의를 기울인다.
4. 그대로 특정 대상에 계속해 주의를 기울인다.

예를 들어 '1주일 후로 다가온 시험을 망칠지도 모른다'는 불안감이 밀려오면, 그 자리에서 '그것은 현실이 아니고 단지 떠오른 생각에 지나지 않는다'고 생각한다. 그리고 가슴이 두근거리거나 머리가 무거운 느낌이 드는 등 자신의 몸이 어떻게 반응했는지를 체크한다.

주의 스위치 트레이닝

1

불안이나 고민이 떠오르면, 그것들은 현실이 아니라고 생각한다.

2

호흡이나 두근거림 같은 신체의 느낌에 주의를 기울인다.

3

주위 환경에 주의를 기울인다.

4

그대로 특정 대상에 주의를 기울인다.

이 정도만 해도 마음이 편안해지는 사람도 있을 것이다. 불안한 사고를 자신과 분리함으로써 부정적인 감정의 파도에 휩쓸리지 않았기 때문이다.

마지막으로 자신의 몸에서 의식을 돌려 주위 환경에 주의를 기울여 본다. 그 대상은 커피 향기나 구름의 움직임 등 뭐든지 상관없다. 명상으로 호흡에 집중하는 것과 같이 특정 사물에 의식을 집중해 보자.

일반적인 명상과는 상당히 다른 수법이지만 '주의 스위치 트레이닝'은 마인드풀니스 트레이닝을 하는 데 도움이 된다.

마인드풀니스 명상에서 중요한 점은 불안과 고민 등의 감정으로부터 자신을 분리하여 본래 해야 할 일에 집중하는 것이다. '주의 스위치 트레이닝'도 부정적인 상태를 남의 일처럼 바라보며 의식을 전환하는 훈련으로서, 일상의 고민을 명상 훈련의 기회로 삼아 집중력을 높이는 것이다.

Point

- **명상을 하면 뇌는 순식간에 완화모드로 전환한다.**
- **호흡에 집중하면 불안이나 걱정거리가 사라진다.**

생체리듬에 맞춰 쉴 때는 철저하게 쉰다

공부 후 마무리 5

자신의 '생체시계'와 잘 어울려 보자

크로노타입이란 말을 들어보았는가? 아침형인지 저녁형인지를 결정하는 요인을 크로노타입(chronotype, 생리적, 심리적 영향을 주는 24시간 주기 생체리듬의 패턴)이라고 한다. 사람에게는 제각기 신체 기능을 조절해서 언제 먹고 자고 일어나야 하는지 지시하는 생체시계란 것이 있다.

'아침형'과 '저녁형'으로 구분되는 시간 유형은 사람의 생활을 크게 지배한다. 저녁형 인간이 아침 일찍 일어나면 효율적으로 시간을 보내지 못하고, 반대로 아침형 인간이 밤늦게까지 활동하면 뇌기능이 떨어진다.

크로노타입은 약 50퍼센트가 유전으로 정해져 있어 후천적으로 바꾸기는 거의 불가능하다. 미리 자신의 효율을 극대화하는 시간대를 알아두고, 그 시간대에 중요한 일이나 공부를 하는 것이 최선이다.

특히 현대에는 크로노타입을 무시하는 사람이 많아 최적의 타이밍에 활동하는 학생이나 직장인은 극히 소수에 불과하다.

2018년 일리노이대학 연구팀이 약 1만 5000명의 학생을 모아놓고 대학에서 실시한 '온라인 학습 시스템' 실험 결과를 확인했다. 그리고 각 학생이 가장 활발하게 움직이는 시간대를 2년 동안 조사해 학생들의 크로노타입을 3가지로 나누었다.

1. 저녁형 : 오후 5시 이후에 활발해지는 유형

2. 대낮형 : 정오부터 오후 5시 사이에 활동적인 유형

3. 아침형 : 정오 전에 가장 쌩쌩한 유형

그 후 학생의 크로노타입과 성적의 변화를 비교한 결과 뚜렷한 차이가 나타났다. 자신의 크로노타입과 수업 일정이 맞지 않는 학생 쪽이 훨씬 성적이 나빴던 것이다.

이것은 '소셜 시차'(사회적 시차) 부적응이라는 현상으로, 자신의 생체시계에 맞는 일정으로 행동하지 않으면 능률이 크게 떨어진다.

실험 결과, 크로노타입에 적합한 시간에 공부하는 학생은 대략 40퍼센트뿐인 것으로 나타났다. 나머지 50퍼센트는 뇌기능이 좋아지기 이전 시간에 수업을 받았고, 10퍼센트는 뇌기능이 최대가 지난 이후에 수업을 받고 있었다.

학습의 성과를 거두려면 먼저 머리 회전이 빠른 시간을 알고 그 타이밍에 에너지를 집중시켜야 한다. 반대로 뇌기능이 떨어지는 시간대에는 의식적으로 완화모드로 전환하는 것이 중요하다.

뇌가 가장 활발하게 움직이는 시간에 집중해서 공부해야 한다

우리의 크로노타입은 제각기 다르지만, 공부하기 좋은 최적의 타이밍은 크게 두 가지로 나눌 수 있다.

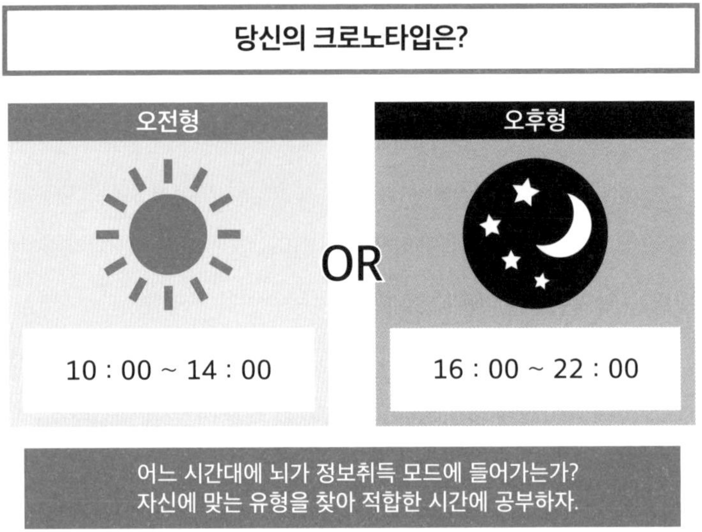

새로운 것을 학습하고자 할 때도 최적의 타이밍이 있다. 미국 수면의학회 마이클 블레우스 박사가 연구한 최적의 타이밍은 다음과 같다.

1. **오전형** 10:00~14:00
2. **오후형** 16:00~22:00

대부분의 사람들은 이 둘 중 어느 한 시간대에 뇌가 '정보 취득 모드'에 들어간다. 이 시간대에 공부하기 좋은 머리로 전환되므로 집중력을 요하는 공부는 이 시간대에 하는 것이 좋다.

당신이 어느 유형인지 알고 싶다면 여러 번 직접 시도하면서 판단하면 된다. 오전과 오후의 양 시간대에 공부를 해 보면 크로노타입을 판단하기 쉬워 자신에게 맞는 공부 시간대를 알 수 있다.

참고로 아침 4시에서 7시 사이는 거의 모든 사람의 공부 효율이 떨어지는 시간이다. 너무 의욕에 넘쳐서 이른 아침부터 공부를 시작하는 것은 좋지 않다.

완화 타임에는 철저하게 쉰다

뇌가 완화모드에 들어가기 쉬운 시간대도 살펴보겠다. 이것도 사람마다 타이밍은 다르지만, 대체로 다음과 같은 시간대에는 누구나 뇌의 집중력이 떨어지기 쉽다.

☞ 21:00~23:00

이 시간대에 집중이나 논리적인 사고가 필요한 작업을 하면 효율이 떨어진다. 샤워나 명상 등으로 뇌를 충분히 쉬게 해서 낮에 받아들인 정보가 머릿속에 남도록 기다리는 것이 좋다.

아무것도 하지 않으면 불안해서 도저히 견디기 어려울 때는 아이디어를 구상하거나 다음날 일이나 공부 계획을 세우는 데 사용해 보라. 창조성을 발휘하기 좋은 시간대이므로 평소보다 좋은 발상이 떠오르기 쉽다.

카페인은 기상 후 90분 뒤에 마신다

마지막으로 주의해야 할 점이 한 가지 있다. 아침에 일어난 후 몽롱한 정신을 깨우기 위해 바로 커피나 차를 마시는 사람이 많다. 하지만 이는 크로노타입으로 말하자면 최악의 행동이다.

아침에 눈을 뜨면 우리 몸에는 코르티솔이라는 호르몬이 분비된다. 이 물질에는 혈류를 올리고 뇌를 자극하는 작용이 있어, 덕분에 우리 몸은 서서히 각성한다.

그러니까 잠이 깬 후 인체에는 카페인의 도움을 받지 않아도 될 만큼 기상 시스템이 갖춰져 있는 셈이다.

그런데 일어나자마자 커피를 마시면 카페인 효과가 코르티솔 효과와 중복된다. 양쪽 다 각성 작용을 가진 물질이라 필요 이상으로 뇌가 흥분하고 각성을 넘어 긴장과 초조에 가까운 상태로 되어 버린다.

이 문제를 막기 위해서 커피는 기상하고 나서 최소한 90분 후에 마시는 것이 좋다. 이 정도의 시점에서 대부분의 사람들은 코르티솔이 감소하므로 이때 커피를 마시면 적절한 각성 상태를 보다 오래 유지할 수 있다.

일어나자마자 마시고 싶다면 이때는 물 한잔이 최고다. 기상 후에는 탈수된 상태에 가깝기 때문에 재빨리 수분을 보충해 주면 뇌 기능을 원활하게 올릴 수 있다.

Point

- **공부하기 적합한 시간에 맞춰 공부 스케줄을 세운다.**
- **학습과 휴식의 계획적인 사이클 구축이 성공으로 이끄는 열쇠다.**

제5장

학습 효과를 더욱 높이는 고수의 공부 습관 7가지

높은 성과를 내는 고수의 공부 습관

Intro

앞에서는 과학적으로 입증된 효율적인 공부법 몇 가지를 소개했다.

1. 공부하기 전에는 면밀한 계획과 음악 활용으로 동기를 높인다.
2. 공부 중에는 능동 학습으로 내용을 머릿속에 넣는다.
3. 공부한 후에는 뇌를 철저하게 쉬게 하면서 정보가 서로 연결되기를 기다린다.

이 3가지를 확실하게 지키면 당신은 이제 공부법에 대해서 고민할 필요가 없다. 그 다음에는 공부한 것을 담담하게 흡수하기만 하면 되기 때문이다.

그런 의미에서 제5장에서는 여러 공부법에 통달한 고수의 공부 습관을 살펴보겠다. 2장부터 4장에 나온 내용보다 더 한층 위의 공부법을 익히고 싶은 사람은 지금부터 소개하는 공부법을 활용하면 된다.

다음에 소개할 '고수의 공부 비법'은 몸을 써서 하는 공부법이다. 언뜻 보기에는 즉시 실행할 수 있을 것처럼 느껴질 수도 있다. 하지만 실제로 몸을 움직이고 오감을 동원해 공부하는 습관을 가진 사람은 결코 많지 않다.

그런데 성적이 좋은 사람일수록 이러한 공부 방식을 습관화하고 있다. 도쿄대생 중 많은 학생이 다음에서 예로 들 체력을 중시한 고수의 공부법을 습관적으로 실천하고 있다.

물론 공부법을 전혀 모르는 사람이 이 장에서 소개하는 고수의 공부법을 시도해도 아무런 문제가 없다. 자신의 라이프 스타일에 딱 맞기만 하면 어떤 방식으로 공부하든 효과가 있다. 적극적으로 도전하면 더 많은 성과를 얻을 수 있다.

그럼 7가지 고수의 공부 습관을 하나하나 살펴보자.

혼잣말 학습법으로 집중력을 높인다

고수의 공부 습관 1

혼잣말을 하는 사람은 집중력이 높다

'혼잣말 학습법'은 중얼중얼 소리 내면서 공부하는 방법이다. 왠지 이상할 것 같지만 여러 연구에서 효과가 입증된 공부법이다.

한 실험에서는 참가자에게 소리 내면서 사회 문제에 대해 논술하도록 했다.

'음, 지금 나는 세금 문제에 관심을 갖고 있다. 이제 곧 소비세가 인상되겠지만 … 그것이 가계에 어떤 영향을 미칠까 생각하면, 아니, 가계보다 기업에 미치는 영향이 많을지도 모른다…'

두서없는 생각을 그대로 소리를 내면서 글을 써나간다.

이런 사람이 옆에 있다면 괴롭겠지만, 당사자는 그렇게 하는 만큼의 효과가 있다. 논술 답안지를 채점한 결과 혼잣말로 중얼중얼 소리를 낸 사람이 소리를 내지 않은 사람보다 훨씬 성적이 좋고 집중력도 높은 경향을 보였다.

혼잣말을 하면 공부 내용이 친근해진다

혼잣말을 하는 공부법이 효과적인 것은 떠오르는 생각을 실시간으로 소리로 내보낼 때 '자기참조효과'가 작용하기 때문이다.

자기참조효과(Self-reference effect)란 '어떤 것을 자신의 경험과 연관시켜 생각하면 더 많은 정보를 기억할 수 있는 현상'을 말한다.

예를 들어 전국시대의 흐름을 외워두고 싶을 때에는 스스로 갑옷을 입고 전장에 나가는 이미지를 떠올리면 잘 잊어버리지 않고 이해하는 힘도 높아진다.

공부가 아니더라도 관심 없는 연예인의 스캔들보다는 자기와 관련된 정보나 중요한 의미를 지닌 경험은 머릿속에 각인된다. 이것도 '자기참조효과'가 작용한 것이다.

'혼잣말 학습'의 메커니즘은 자기참조효과와 같아서, 머릿속에서만 생각하는 것보다 자신의 목소리를 들으면 공부 내용이 친근해지고 사고가 유연하게 바뀐다. 정보를 자신과 관련시킨 만큼 '자기참조효과'가 작용해 정보가 머릿속에 쉽게 새겨지는 것이다.

혼잣말을 학습에 활용하는 3가지 방식

'혼잣말 학습'에는 크게 3가지 방식이 있다.

■ 1: 소리 내 보는 방식

앞에서 예를 든 것처럼 공부하는 중에 떠오른 생각을 소리로 내 보는 방식이다. 텍스트를 읽을 때 다음과 같이 소리를 내보라.

'어 또 싫증나는 벡터가 나왔네! 자, 이 난국을 어떻게 헤쳐 나갈까? 그 공식으로 풀면 풀릴 것 같긴 한데, 응용편 문제니까 그리 간단히 풀릴 것 같지는 않지만…'

소리를 내 중얼거려 본 생각은 특별히 의식해서 듣지 않아도 상관없다. 자신의 목소리가 귀에 들어온 순간부터 '자기참조효과'가 작용하기 때문이다.

'자기참조효과'는 독서를 할 때도 응용해 볼 수 있다.

책을 읽으면서 '이 주장은 무조건 그렇다고는 할 수 없잖아? 다른 이론이 있었던 것 같은데' 하는 식으로 중얼거리며 근처 공원을 거닐기라도 하면 내용이 머릿속에서 잘 정리된다.

이렇게 중얼거리기가 쑥스럽다면 사람이 없는 곳에서 하면 된다.

■ 2: 질문하는 방식

앞에 놓인 텍스트나 문제에 대해서 질문을 던지는 공부법이다. 참고서를 읽었다면 자신에게 이런 질문을 해 보라.

- **주제를 정말 이해했는가?**
- **모르는 용어는 없었는가?**
- **3가지 해법 중에서 내가 가장 사용하기 쉬운 것은?**

- 이 글의 결론에 동의할 수 있나?
- 원래 이것이 무슨 뜻이었지?

즉시 대답할 수 없는 경우도 있겠지만 신경 쓰지 않아도 된다. 이렇게 질문하는 것만으로도 자기 나름의 생각을 객관적으로 바라볼 수 있고, 그와 동시에 무의식중에 뇌가 해결을 향해 시동을 걸어 준다.

질문의 답이 바로 나오지 않을 것 같으면 일단 통과하고 다음 내용으로 넘어가도 상관없다.

좀처럼 질문이 생각나지 않는 경우에는 앞에서 언급한 '메타 인지 리딩' 질문 세트를 이용해도 좋다. 몇 번 되풀이하는 사이에 자기 나름의 질문이 자연스럽게 입을 통해 나오게 될 것이다.

■ 3: 요약하는 방식

지금 학습하는 내용을 그 자리에서 정리하면서 입으로 소리 내는 방식이다. 앞의 소리 내 보는 방식이나 질문하는 방식으로 이해한 텍스트를 다시 기억에 강하게 남기고 싶을 때 사용하면 좋다.

예를 들어 데이터 분석에 대해서 공부하는 거라면 한 단원마다 '모드라는 건 요컨대 가장 개수가 많은 값을 말하는 거구나' '편차란 결국 각 수치와 평균값의 차이를 말하는 거였군' 하는 식으로 어려운 용어를 자기 나름의 말로 만들어 한두 문장으로 정리한다.

요약이 잘되지 않을 때는 일단 텍스트 읽기를 멈추고 '이것을 친구에게 설명한다면 어떻게 해야 할까?'를 생각해 보는 것도 좋은 방법이다. 앞의 '가르칠 생각으로 하는 공부법'에서도 설명했듯이 사고 과정에 타인을 끼워 넣으면 객관적인 관점에서 내용을 파악할 수 있게 된다.

Point

- **혼잣말을 하면 머릿속이 정리된다.**
- **자신과 관련시켜 생각하면 단번에 이해도가 높아진다.**

말을 거는 식으로 소리 내서 읽기

고수의 공부 습관 2

왜 낭독을 하면 학습 효과가 높아지는가?

'혼잣말 학습'이 귀찮다면 텍스트를 소리 내서 읽기, 즉 낭독만 해도 좋다.

교육학에서는 소리 내서 읽는 '낭독'의 효과를 오래 전부터 인정하고 있다. 문과 과목이든 이과 과목이든 어떤 내용이라도 입으로 소리 내 읽으면 머리에 잘 들어온다.

낭독의 효과를 입증한 실험은 적지 않다. 한 연구에서는 학생들에게 80개의 단어를 학습하게 했는데, 소리 내서 외운 그룹은 소리 내지 않고 눈으로 읽은 그룹보다 시험 성적이 12퍼센트나 높게 나왔다. 낭독 쪽이 묵독보다 시간은 좀 더 걸리지만, 그 효과는 단점을 보충하고도 남는다.

낭독 효과는 주로 3가지 요소와 관련이 있다.

1. 소리를 내면 입과 귀 등의 운동 기능을 많이 쓰기 때문에 학습을 보다 능동적으로 할 수 있다.

2. 소리를 내려면 텍스트를 제대로 읽어야 하기 때문에 단순히 눈으로 내용을 쫓는 것보다 몰입해서 공부할 수 있게 된다.

3. 소리 내서 읽으면 '자기참조효과'가 있어 기억의 정착률이 높아진다.

낭독을 하면 온 몸의 감각을 깨울 수 있는 데다, 몰입이 극대화되어 집중력이 좋아진다. 또 소리 내서 읽으면 앞에서 다룬 능동

적 학습이나 자기참조효과 등의 효과도 함께 볼 수 있다.

말을 건넬 생각으로 암기하면 효과는 배가 된다

소리 내서 읽을 때 남에게 말을 건넬 생각으로 읽으면 낭독의 이점을 더욱 끌어낼 수 있다. 말을 건네듯 암기하는 방법은 캐나다 몬트리올대학의 연구팀이 고안해낸 방법이다. 연구팀은 학생들에게 단어 암기를 지시하면서 전체를 4개 그룹으로 나누었다.

1. 단어를 머릿속으로 암기한다.
2. 목소리는 내지 않고 입술을 움직이며 단어를 외운다.
3. 단어를 소리 내서 읽는다.
4. 사람을 향해 소리 내면서 단어를 읽는다.

이런 식으로 단어를 외우게 한 후 테스트를 했다. 그 결과는 '사람을 향해 소리 내서 읽은 그룹'의 성적이 압도적으로 좋았다. 그 다음은 소리 내서 읽은 그룹이었고, 세 번째는 소리는 내지 않고 입술을 움직인 그룹이었다. 머릿속으로 암송한 그룹은 최하위였다.

'말을 건넬 생각으로 소리 내서 읽는 것'은 뇌의 사회적 활동을 관장하는 영역을 자극한다.

원래 고대부터 인류는 혹독한 환경에서 살아남기 위해 이웃과 서로 도우며 진화해 왔다. 이웃의 말을 놓치면 죽음에 직결될 수 있어 우리의 뇌는 타인과 소통하는 내내 격렬하게 움직이는 메커니즘이 갖춰진 것이다.

그 때문에 어떤 공부법에도 소통의 요소를 넣으면 뇌가 활성화해 학습한 기억을 오래 정착시킬 수 있게 된다. 앞에서 다룬 '가르칠 생각으로 하는 공부법'도 같은 메커니즘의 공부법이다.

그렇지만 일부러 소리를 들려줄 상대를 찾을 필요는 없다. 이 실험에서는 상대 없이 소리 내서 읽는 것만으로도 기억력이 향상되었기 때문이다.

즉 소리 내서 읽는 것을 듣는 상대가 없어도 머릿속에서 '지금 나는 친구에게 말하고 있다'고 생각하기만 해도 효과를 얻을 수 있다.

Point

- **텍스트를 소리 내서 읽으면서 공부한다.**
- **남에게 말을 걸듯이 소리 내서 읽으면 효과가 높다.**

멀티모덜,
오감을 최대한 활용한다

고수의 공부 습관 3

오감을 최대한 사용해 공부해라!

앞에서 혼잣말 공부법과 소리 내서 읽는 공부법을 살펴봤다. 이들 공부법에서 알 수 있는 것은 최대한 많은 감각을 사용해야 학습의 성과가 오른다는 사실이다. 시청각 이외의 커뮤니케이션 모드를 이용한 공부법을 전문적으로는 '멀티모덜(multi modal) 학습'이라고 하는데, 시각뿐만 아니라 청각과 운동 감각 등을 최대한 사용하면 공부한 내용이 머리에 잘 새겨진다.

원래 인간은 오감을 최대한 사용해 사냥감이나 외적의 정보를 받아들이면서 살아남은 동물이다. 여러 감각을 동시에 사용해 공부하는 것이 뇌에는 자연스럽다. 시각만을 주로 쓰는, 대부분의 공부법은 뇌에 부자연스럽다고 할 수 있다.

멀티모덜의 효과를 끌어내려면 한 주제를 여러 매체로 복습하는 것이 좋다. 가령 근대사에서 '냉전의 종결'에 대해서 공부하고 싶다면 다음과 같은 방법을 생각할 수 있다.

- **수업 중에 정리한 근대사 노트를 다시 읽는다.**
- **교과서의 '냉전' 부분을 복습한다.**
- **온라인 학습 사이트에서 '냉전' 항목을 살펴본다.**
- **온라인에서 '냉전' 관련 동영상을 찾아본다.**
- **마인드맵을 만들어 '냉전'에 대해 알고 있는 내용을 정리한다.**
- **인터넷 학습 사이트나 대학 등 여러 소스로 얻은 '냉전'에 대한 문제를 풀어본다.**

하나의 주제에 대해서 모든 방법을 사용하여 내용을 복습한다. 노트뿐만 아니라 동영상이나 마인드맵을 활용하면 시각뿐만 아니라 많은 감각이 동원되어, 정보가 머리에 훨씬 많이 남게 된다.

배운 내용을 정리해 음성으로 저장해둔다

나의 경우, 어려운 책을 읽을 때에는 청각을 자주 이용한다.

먼저 '혼잣말 학습법'으로 소리 내서 읽고, 한 단원을 다 읽은 후에는 스마트폰 녹음기에 정리해 저장한다.

예를 들어 '맨 첫 단원에는 회귀분석은 어떤 경우에 시행을 하는지가 나와 있고, 그 다음에는 회귀분석 절차와 결과해석이 나와 있다'는 식으로 읽은 내용을 간단히 녹음하는 것이다.

책을 다 읽은 뒤에는 잠시 시간 간격을 두고 나서 저장한 음성을 들으며 복습한다. 이렇게 하면 멀티모덜 상태가 생겨 잊어버리지 않고 내용의 골자가 머리에 남는다.

이 방법을 학습에 사용할 경우, 공부가 끝난 뒤에 틀린 수학 문제나 영어단어 등을 음성으로 남길 수도 있다. 그날 반성할 점을 소리로 기록해 놓으면 나중에 자신이 약한 곳을 쉽게 생각할 수 있어 복습의 효율도 높일 수 있다.

Point

- **공부 잘하는 사람일수록 오감을 최대한 활용해 학습한다.**
- **하나의 주제를 여러 매체를 이용해 복습하라.**

제스처를 사용하는 공부법

고수의 공부 습관 4

몸으로 표현하며 단어를 외운다

멀티모덜의 응용편을 하나 더 살펴보겠다. 공부 중에 제스처를 사용해 기억이 더 오래 가게 하는 공부법이다.

일례로 당신이 스페인어 'manzana(사과)'라는 단어를 외운다고 하자. 그럴 때는 마치 사과를 입에 넣는 동작을 취하면서 'manzana'를 여러 번 발음하면 효과적이다. 제스처 없이 발음을 되풀이하는 것보다 확실하게 효과가 있다.

제스처의 효과에 대한 연구에 의하면 몸을 움직이면서 공부하면 뇌의 다양한 영역이 활발해지는 것으로 확인됐다.

가만히 앉아서 공부하면 주로 두뇌의 언어에 관련된 부분만 작동하지만, 몸을 움직이면서 공부하면 뇌의 감각이나 운동 관련 부분도 활동하기 시작한다.

그러면 뇌의 여러 부위에 정보가 저장되며 나중에 '사과라는 단어는 뭐였지?' 하고 생각했을 때에도 빠르게 답을 꺼내 쓸 수 있다. 동네에 한 곳밖에 없는 슈퍼보다 곳곳에 많이 있는 편의점 쪽이 물건을 사는 데 편리한 것과 비슷하다.

제스처를 사용하는 공부법은 구체적인 지식을 외울 때만 사용할 수 있는 것은 아니다. 추상적인 이론이나 아이디어를 배울 때도 손짓이나 발짓 같은 몸짓이 도움이 된다.

만약 수학의 '적분'을 이해하고 싶을 때는 어떻게 해야 할까?

적분이란 말 그대로 뭔가를 겹겹이 쌓는 것이므로 면적이라면 아주 가는 선을 평면에 빈틈없이 깔아놓는 듯한 몸짓을 하면 된다. 부피라면 아주 얇은 판자를 겹쳐놓는 몸짓을 한다.

이때 개념을 완벽하게 표현하지 못해도 괜찮다. 자기 나름대로 이미지를 몸짓으로 표현하기만 하면 된다.

크게 몸을 움직이기만 해도 집중력이 높아진다

제스처가 얼른 떠오르지 않는다면, 단순히 몸을 움직이기만 해도 그 나름의 효과가 있다. 공부 내용을 정확히 표현하지 않아도 되니, 공부할 때 몸을 움직여 보자.

미시시피대학의 한 연구팀이 재미있는 실험을 했다.

연구팀은 남학생 수십 명을 모아놓고 워킹메모리를 측정하는 테스트를 했다. 그런 다음 테스트 결과가 좋은 학생들의 특징을 조사했더니 몸을 많이 움직인 경우였다.

발을 자꾸 바꾸거나 책상을 리드미컬하게 두드리거나 자주 다리를 떠는 등 몸을 많이 움직이는 학생일수록 워킹메모리 능력이 좋았다. 이런 현상은 사전검사에서 집중력이 떨어지는 것으로 진단된 학생 쪽에서 두드러지게 나타났다.

그러니까 '공부에는 흥미가 없다'거나 '공부하다 자신도 모르게 그만 딴 생각을 하게 된다'고 고민하는 학생이라면 공부 중에 몸을 움직여 학습 효율이 올라가는지 시도해 보는 것이 좋겠다.

자주 몸을 움직이는 게 싫다면 '스트레스 공' 같은 소도구를 사용해보는 것도 좋다. 스트레스 공은 고무로 만들어진 둥근 물건으로, 손으로 꽉 쥐면서 사용하는 스트레스 해소 상품이다.

집중력 향상을 위해 수업 중에 스트레스 공을 사용하는 학교도 있다. 실제로 스트레스 공을 사용해 실험한 결과를 보면 학생들의 주의력과 문장력, 소통 능력이 개선되는 것으로 나타났다.

이 외에도 단순히 볼펜을 돌려보거나 지우개를 만지작거려 보는 것도 효과가 있다. 어려운 책을 읽으면 주의가 산만해지는 사람은 손가락 끝만이라도 자주 움직여 보자.

Point

- **몸짓을 하면서 암기하면 잘 외워진다.**
- **주위의 따가운 시선을 받기 쉬운 '펜 돌리기'도 집중력 향상에는 효과가 있다.**

공부 중에도 운동을 한다

서서 하는 공부로 집중력을 높인다

제4장에서 공부한 후에 운동을 하는 방법을 소개했다. 하지만 공부한 후에 하는 운동만 공부에 도움이 되는 것은 아니다. 공부하는 중에 운동을 해도 역시 큰 효과를 얻을 수 있다.

물론 근육운동이나 달리기는 어렵겠지만, 가벼운 운동이라면 공부 중에 하는 것도 괜찮다. 단순히 의자에서 일어서는 동작만으로도 효과가 있다. 그중에서도 손쉬운 방법이 스탠딩 책상을 사용하는 것이다.

스탠딩 책상은 의자를 사용하지 않고 선 채로 작업을 하기 위한 책상이다. 최근에는 운동부족을 해소하기 위한 아이템으로 효과가 알려지면서, 구글이나 페이스북 같은 기업에서도 활용하고 있다. 개인들도 활용하는 사람들이 많아지고 있다.

선 채로 공부하면 학습 효과를 높일 수 있다는 연구 보고도 있다. 서서 공부하면 집중력이 높아지고 의욕도 향상된다는 것이다.

이를 뒷받침하는 임상 데이터도 여럿 있다. 텍사스 A&M대학 보건대학원에서 초등학생을 대상으로 연구한 바에 따르면, 스탠딩 책상에서 수업을 받은 학생은 의자에 앉아 수업을 받은 학생보다 학업 달성도가 12퍼센트 향상된 것으로 나타났다. 아이들끼리 잡담하는 일은 줄었고 그룹 토론에는 더 적극성을 보였다.

12퍼센트나 학업 달성도가 향상된 것은 집중력이 1시간당 7분 정도 늘어났다는 계산이 나온다. 서서 공부했을 뿐인데 이 같은 효과가 나타나다니 놀랄 만하지 않은가.

스탠딩 책상 사용에 대한 장기적인 연구에서는 머리가 좋아졌다는 보고도 있다. 고등학생을 대상으로 한 실험에서 24주 동안 선 채로 공부를 계속했더니, 대다수의 학생은 인지테스트 성적이 오르고 뇌의 실행 기능도 개선을 보였다.

실행 기능이란 '눈앞의 문제를 분석하고 해결할 수 있는 상태까지 몰입하는 뇌기능'을 말한다. 중요한 정보를 기억해 내거나 생각한 내용을 간결하게 정리하는 데 필요한 기능으로, 효율적인 공부에는 꼭 필요한 능력이다.

실험에 참여한 대상자들의 뇌를 조사한 결과 스탠딩 책상을 사용한 학생은 전두엽의 혈류가 활발해지는 것으로 나타났다. 인간의 발은 심장에 혈액을 보내는 펌프와 같은 기능을 한다. 그러니까 선 채로 공부하는 것은 뇌의 혈액순환을 활발하게 하는 방법이다.

스탠딩 책상의 올바른 사용법

스탠딩 책상은 인터넷 쇼핑몰 등에서 구입할 수 있지만 일부러 전용 책상을 마련하지 않아도 된다. 늘 쓰는 책상에 상자를 올려놓고, 그 위에 교재를 펼쳐놓으면 스탠딩 책상으로 쓰기에 충분하다.

사실 나도 두 책장 사이에 커다란 책상 상판을 올려놓고 스탠딩 책상으로 사용하고 있다. 서서 작업할 수 있다면 어떤 책상이라도 공부의 효율을 높일 수 있다.

스탠딩 책상 사용 초기에는 너무 장시간 서 있는 것은 좋지 않다. 익숙해지지 않으면 자세가 흐트러지기 쉬워 허리나 어깨에 무리가 갈 수 있기 때문이다.

처음에는 5~10분 정도로 만족하고 조금씩 시간을 늘려나가는 것이 무난하다. 그리고 몸이 익숙해지기 전까지는 선 자세와 앉는 자세로 번갈아가며 공부하기를 권한다.

스탠딩 책상에 익숙해진 후에도 60분 이상 공부할 때는 반드시 10분 간격으로 몸을 움직이도록 해야 한다. 앉아 있기만 하는 것이 몸에 좋지 않은 것처럼 같은 자세로 서 있는 것도 몸에 좋지 않다.

익숙해지면 운동 강도를 올린다

서서 공부하는 데 익숙해지면 좀 더 운동의 강도를 올려보자. 우리는 앞에서 중강도 수준의 운동이 기억력을 향상시킨다는 사실을 살펴보았다.

여성을 대상으로 한 실험에서 참가자를 두 그룹으로 나누고 한 그룹은 에어바이크를 타면서 영어단어를 외우게 했다. 다른 그룹은 그냥 앉아서 단어를 외우게 했다. 그로부터 몇 시간 후에 테스트한 결과는 에어바이크를 타면서 단어를 외운 그룹이 그냥 단어를 암기한 그룹보다 성적이 훨씬 좋았다. 두 그룹의 점수 차는 40퍼센트나 벌어져, 연구팀도 놀랄 정도였다.

다음처럼 공부와 적절한 운동을 결합시키면 큰 효과를 얻을 수 있다.

- **가벼운 조깅을 하면서 오디오북을 듣는다.**
- **집에서 가볍게 무릎을 굽혔다 폈다 하면서 복습한다.**
- **책상 앞에서 제자리걸음을 하면서 교과서를 읽는다.**

이때 운동의 강도는 중강도 수준이 좋다. 달리기의 경우 시속 6킬로미터를 넘으면 운동이 부담스러울 수 있으므로 숨이 차지 않은 정도로 하자.

나의 경우는 서재에 만들어둔 스탠딩 책상 밑에 선수용 스텝퍼(계단 오르내리기를 제자리에서 할 수 있도록 만든 기구)를 놓고 이것을 밟으며 원고를 쓴다.

이런 나의 모습을 보고는 '그런 상태에서 키보드를 잘도 누른다'며 놀라는 사람도 있지만, 사실 아무런 문제도 안 될 뿐더러 운동의 작용으로 높은 집중력이 유지되어 쾌적한 상태에서 작업을 할 수 있다. 지금은 작업 중에 의자에 앉는 일이 오히려 적은 편이다.

Point

- 서서 공부하면 뇌의 혈류가 올라가면서 머리가 활발해진다.
- 가벼운 운동을 하면서 공부하면 기억력을 향상시킬 수 있다.

마인드 컨트롤로 '부정적인 의식'을 지운다

고수의 공부 습관 6

잘못한다는 의식은 학습 성과를 떨어뜨린다

누구나 싫어하는 한두 과목이 있게 마련이다. '3차방정식만큼은 정말 못 풀겠다' '나는 영어에는 재능이 없다' '어떤 과목이든 장황하게 나열된 문제는 질색이다' ….

이렇게 특정 과목이나 단원이 싫다는 의식은 생각 이상으로 학습 성과에 영향을 미친다.

무슨 이유 때문인지는 모르지만 '여자가 남자보다 수학을 못한다'는 주장이 있다. 초등학교 저학년 때는 남녀 차이가 없는데 학년이 올라갈수록 이상하게 차이가 벌어진다는 것이다.

처음에는 이 현상이 '남녀 뇌의 차이 때문이 아닐까'라고 생각하

기도 했으나, 뉴욕대학의 연구에서 '남녀의 뇌 차이'는 근거 없는 낭설임이 밝혀졌다.

1998년부터 2011년에 걸쳐 실시된 미국 수학능력시험(SAT) 데이터를 조사한 연구팀은, "'여자가 남자보다 수학에 약하다'라는 편견을 가진 교사에게 배운 학생에게서 수학 성적이 떨어지는 경향이 있었다"라고 보고했다.

보고에서 연구팀은 "교사의 근거 없는 편견이 사실처럼 아이들에게 확산되면서, '나는 수학을 못한다'는 의식을 갖게 된 여학생이 많아지고, 이것이 수학 성적 저하로 연결됐을 거라 추측"했다. 공부에 대한 의욕이 생기지 않으면 정말로 수학이 싫어지기 때문이다.

반대로 다른 대학이 실시한 연구에서는 "'나는 수학을 잘한다'고 여긴 학생은 실제로 다른 학생보다 수학 실력이 없는 경우조차도 더 끈질기게 문제를 푸는 경향을 보였다"고 보고했다. 실제로는 능력이 미치지 않아도 '생각의 힘'이 의욕을 크게 높였다고 볼 수 있다.

잘못한다는 의식의 악영향을 몰아내려면 어떻게 해야 할까

그래서 여섯 번째 고수의 공부 비법인 잘못한다는 의식을 지우는 방법을 소개한다. 잘하지 못하는 과목을 앞에 두었을 때 의욕이 떨어지지 않도록 자신의 생각을 컨트롤하는 방법이다.

'잘못한다는 의식은 쉽게 사라지지 않는다'고 여기는 사람이 많을 수도 있다. 특정 과목을 싫어하는 마음은 오랜 기간의 실수나 잘못이 축적되어 생긴 것이라서 그리 쉽사리 지워지지 않는다.

실제로 자신의 아집이나 편견은 좀처럼 지울 수 없는 게 사실이다. 인간의 뇌는 짧은 기억은 금방 잊어버리는 대신 일단 머리에 새겨진 정보는 노력해도 지우기 어렵기 때문이다.

하지만 잘못된 의식을 바꿀 수 있는 여지는 있다. 잘못한다는 의식을 완전히 지우는 것은 불가능하더라도 악영향을 줄일 수는 있다.

방법은 아주 간단하다. 공부하기 전에 다음의 작업을 하기만 하면 된다.

☞ **싫어하는 과목에서 자신이 과거에 잘했을 때의 경험을 말하거나 종이에 적어 본다.**

아무리 싫어하는 과목이라 해도 과거에 한 번쯤은 테스트에서 좋은 점수를 받았다거나, 누군가에게 칭찬을 받았다든가, 응용문제를 술술 풀었던 경험을 갖고 있기 마련이다. 사소한 내용이라도 상관없다. 과거에 있었던 '작은 성공 체험'을 떠올려 보라.

간단한 방법이지만 효과는 의외로 크다. 미국에서 검증한 시험에서도 이 테크닉을 사용한 사람 대부분은 문제 해결 능력이 오르고 작업에 대한 의욕도 크게 개선되었다. 그 중에는 IQ가 10포인트나 상승한 사람까지 있었다.

학습에서 높은 성과를 올리는 사람일수록 사실은 이렇게 꾸준히 노력한다. 잘못한다는 의식 때문에 본래의 자기 능력을 발휘하지 못하는 사람은 꼭 시도해 보라.

Point

- **생각을 컨트롤하면 '잘못한다는 의식'은 극복할 수 있다.**
- **공부하기 전에 '작은 성공 체험'을 되짚어 보자.**

오버러닝, 한 발 더 나아가는 과잉 학습

고수일수록 기본 훈련을 중요시하고 되풀이하는 이유는?

효율적으로 공부할 줄 아는 고수의 마지막 공부법은 '오버러닝(overlearning)'이다. 오버러닝은 주로 스포츠나 음악 분야에서 사용해온 방법으로, 쉽게 말하면 '이미 획득한 지식이나 기능을 더 확고하게 하기 위해 필요한 시점을 넘어서까지 연습을 계속하는 과잉 학습'을 말한다.

태권도 유단자가 기본 동작을 수없이 되풀이하고, 피아니스트가 굳이 〈바이엘〉을 다시 하는 것 등이 '오버러닝'의 예다. 프로 중에서도 일류에 가까운 사람일수록 기본 연습을 되풀이하는 경향이 있다.

최근에는 '오버러닝'을 하면 정보가 필요할 때 정확하고 신속하게 꺼내 쓰는 데 도움이 되는 것으로 밝혀졌다. 2017년 브라운대학의 한 연구팀은 오버러닝의 효과를 알아보기 위해 다음과 같이 두 그룹으로 나눠 특정 동영상을 기억하게 했다.

1. '이제 충분하다고 생각될 만큼 잘 한다'고 생각하면 연습을 멈추고, 30분 휴식을 취하고 나서 다른 연습을 한다.
2. '이제 충분하다고 생각될 만큼 잘 한다'고 생각되어도 20~30분 같은 연습을 계속한다. 그 후 30분 휴식을 취하고 나서 다른 연습을 한다.

말할 것도 없이 두 번째 그룹이 '오버러닝'이다. 더 연습해도 그 이상 늘지 않을 거라고 생각한 시점에서 다시 같은 내용을 반복하는 것이다.

그리고 다음날 실험에 참여한 모두에게 기억 테스트를 실시했는데, 결과는 다음과 같았다.

- 오버러닝을 한 그룹은 먼저 배운 내용을 아주 잘 기억했고, 두 번째로 배운 내용도 잘 기억했다.
- 오버러닝을 하지 않은 그룹은 두 번째로 배운 내용은 기억하고 있었으나, 먼저 배운 내용은 거의 잊어버린 상태였다.

요컨대 '이제 됐다'고 생각한 시점에서 바로 다음 과목으로 넘어가면 처음에 배운 내용을 잘 기억하지 못한다는 것이다. 좀 의외의 현상이 아닌가?

'오버러닝'을 하면 뇌에 정보가 잘 새겨진다

'오버러닝의 효과'에는 뇌의 독특한 메커니즘이 관여한다.

우리가 새로운 것을 공부하기 시작하면 뇌는 '학습모드'로 전환하고, 적극적으로 정보를 받아들이려고 한다. 이처럼 새로운 것을 배우기 위해서는 뇌가 '학습모드'로 전환하여야 하지만, 학습모드 상태가 계속되면 부작용이 나타난다.

'학습모드'란 이른바 컵라면 뚜껑을 연 것 같은 상태다. 맛있게 먹으려면 뜨거운 물을 적당량 부어야 한다. 계속해서 부으면 컵에서 국물이 넘치게 된다.

우리의 뇌도 마찬가지다. '학습모드'에 들어가 적당량의 내용이 뇌에 들어간 시점에서 학습을 멈추지 않으면 나중에 들어온 정보가 먼저 들어온 데이터를 밀어낸다.

그리고 그 때문에 처음 외운 것을 잊기 쉬워 모처럼 한 공부가 헛수고로 끝난다.

하지만 이 시점에서 '오버러닝'을 끼워 넣으면 재미있는 변화가 일어난다. '이제 됐다'고 생각한 정보를 다시 넣으면 뇌가 '정착모드'로 전환해 적극적으로 정보를 머리에 새기려고 한다.

이렇게 해서 처음에 배운 내용은 뇌 속에 유지되고 후에 다른 정보가 들어와도 밀려나지 않는다. 이것이 '오버러닝'이 효과를 보는 구조다.

'오버러닝'하는 방법을 좀 더 알아보자.

오버러닝으로 뇌를 '정착모드'로 전환시킨다

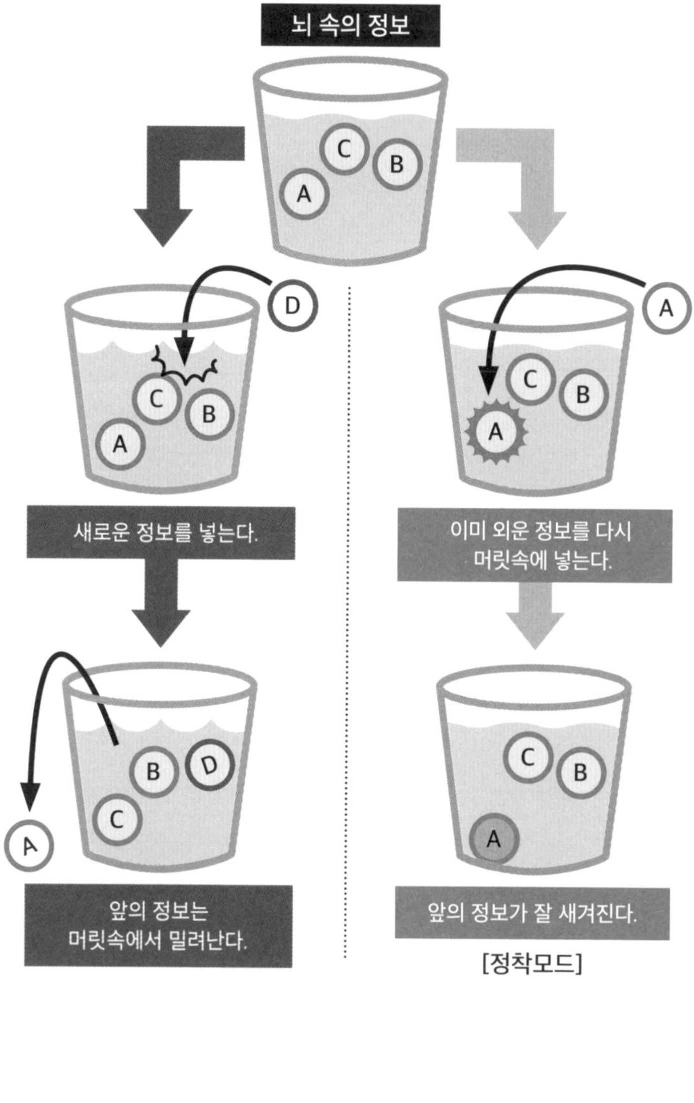

영어단어 공부를 예로 오버러닝 활용법을 살펴보겠다.

1. 결정한 수만큼 단어 외우는 작업을 반복한다.

2. '일단 오늘은 완벽하게 외웠다'고 느껴지는 곳까지 외운다.

3. 거기서 다시 20분 정도 같은 단어를 외운다.

영어단어가 아니더라도 이미 마스터한 수학문제 푸는 법을 더 연습해도 좋고, 완전히 이해한 역사의 흐름을 몇 번이나 더 읽어도 좋다. 어쨌든 '이제 충분하다'고 생각하고 나서도 다시 같은 학습을 계속하는 것이 포인트이다.

좀 귀찮다고 생각할지도 모르지만 '지금 나의 머리는 정착모드에 들어갔다'고 생각하고 열심히 해보길 바란다.

Point

- **'이제 됐다'고 생각한 시점에서 다시 같은 공부를 반복한다.**
- **그러면 머리가 '학습모드'에서 '정착모드'로 전환한다.**

제6장

재능의 한계는 이렇게 넘어라!

공부 잘하는 머리로 만드는 과학적 트레이닝 2가지

노력으로 재능의 한계를 뛰어넘을 수 있을까?

Intro

말콤 글래드웰이 《아웃라이어》에서 언급해 널리 알려진 '1만 시간의 법칙'이 있다. 1만 시간의 법칙이란 '어떤 분야의 전문가가 되기 위해서는 한 가지 분야를 최소한 1만 시간 넘게 연습해야 한다'는 이론이다.

'성공 법칙'으로 널리 인기를 끈 이 가설이 과학적으로 옳다면 이야기는 간단하다. 쓸데없는 것은 생각하지 않고 오로지 연습에만 몰두하면 누구나 그 분야의 전문가가 될 수 있을 테니까 말이다. 물론 1만 시간은 매일 3시간씩 연습할 경우 10년쯤 걸린다.

하지만 현실은 그리 단순하지 않다. '1만 시간의 법칙'이라는 개념을 처음 소개한 앤더스 에릭슨 플로리다주립대 심리학과 교수의 논문에 미비점이 있다는 사실이 최근에 발견되었다. "실제로는 세상에서 흔히 말하는 것보다 연습의 영향력이 낮다"는 것이다.

이것은 미시간주립대학의 한 연구팀이 밝힌 사실이다. 연구팀은 과거에 행한 악기연주와 게임, 공부 등의 연구를 종합 분석해 과학적으로 신뢰성이 높은 결론을 도출했다.

연구 결과에 따르면, 특정 분야를 마스터하는 데 필요한 요소 중 연습의 영향력은 12퍼센트에 지나지 않는다는 것이었다. 나머지 88퍼센트에는 주위의 환경이나 훈련 개시 연령 등 본인의 노력으로는 어찌할 수 없는 요소가 관여하고 있었다.

그렇다고 '노력'보다 '재능'이 중요하다는 의미는 결코 아니다. 성과를 내는 데는 분명 '노력'이 중요하다. 새로운 연구의 요점은 '노력이 의미 없다'는 것이 아니라, '개인의 능력 차이는 연습의 양만으로는 설명할 수 없다'는 점을 제시했다는 것이다.

어떤 분야에서든 상대적으로 적은 노력으로 정상에 도달하는 사람도 있기 마련이다. 1만 시간의 법칙대로라면 연습만 하면 누구나 성공해야 하는데 결과는 그렇지 않다. 역시 타고난 재능은 엄연히 존재한다.

훈련으로 공부머리를 만든다

타고난 천재와 범인을 가르는 포인트는 대체 어디에 있을까? 연습량이 그렇게까지 영향력을 갖지 못한다면 대체 무엇이 우리와 그들의 능력 차이를 좌우하는 걸까?

아직 과학적으로 그 답이 밝혀지지는 않았다. 공부의 성과를 가르는 요소는 무수히 존재하며, 그 영향력의 순위를 매기는 것도 간단하지 않다.

그래서 이 책에서는 공부의 성과를 결정하는 수많은 요소를 다음과 같이 2가지 포인트로 좁혀보았다.

1. 워킹메모리

2. 마인드셋

자세한 것은 뒤에서 설명하겠지만 워킹메모리와 마인드셋은 공부의 성과를 결정하는 중요한 요소이다.

다른 요소와 달리 워킹메모리나 마인드셋은 훈련으로도 향상시킬 수 있는데다 머리 상태를 근본적으로 바꿔놓을 수도 있다.

이것은 이른바 집을 짓는 기초 공사 같은 것이다.

아무리 많은 돈을 들인 건축물이라도 견고한 토대를 쌓지 않으면 멋진 기둥은 세울 수 없다. 머리를 갈고 닦아 뇌의 토대를 반석으로 만들어두고 거기에 하나하나 노력의 기둥을 세워가야 한다.

중요한 것은 앞 장에 소개한 공부법으로 학습 경험을 착실하게 쌓으면서 남는 시간에 머리를 좋게 하는 훈련을 하면 된다. 다음에 소개하는 훈련을 계속하면 타고난 재능에 버금가는 능력을 갖추는 것도 꿈만은 아니다.

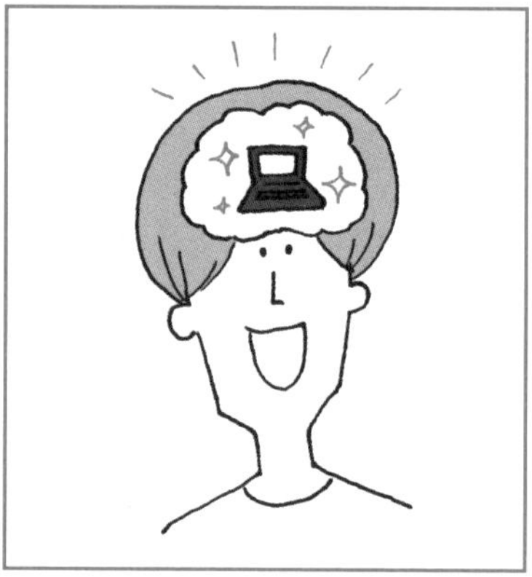

공부 잘하는 머리 만들기 1

공부의 기본, 워킹메모리를 높여라

워킹메모리 성능을 높이는 5가지 방법

워킹메모리는 3장과 제4장에서도 설명한 뇌의 중요한 기능이다. 짧은 시간 동안 머릿속에서 정보를 컨트롤하는 기능으로, 워킹메모리 성능이 크면 클수록 공부 성과가 잘 나온다.

최근 훈련을 통해 워킹메모리 성능을 향상시킬 수 있는 방법이 발견되었다. 그중 대표적인 예를 5가지만 소개하겠다.

운동으로 워킹메모리를 높여라

걷기만 해도 뇌는 활성화된다

우선 운동이다. 앞서 여러 번 기억력을 향상시키는 데 효과적인 운동에 대해 언급했는데, 운동은 머리를 좋게 하는 작용도 한다.

게다가 워킹메모리를 높이는 데 복잡한 운동은 필요하지 않다. 걷는 것만으로도 뇌기능이 향상된다.

정기적인 워킹의 효과를 확인하기 위해 실시한 실험이 있다. 일리노이대학에서는 하루에 40분간 일주일에 3번씩 걷기를 계속한 실험 참가자의 뇌가 어떻게 변화했는지를 기능적 MRI(fMRI)로 확인했다.

1년 후, 워킹을 계속한 남녀는 뇌의 신경회로가 늘어나면서 디폴트 모드 네트워크(Default Mode Network)라 불리는 시스템이 활발해졌다.

디폴트 모드 네트워크는 머릿속에서 감정이나 기억 등의 정보를 연결하는 회로다. 이 회로 연결이 잘되면 인지 기능이 향상되고 미래의 계획, 스케줄링, 멀티태스킹 등도 잘된다.

워킹메모리를 향상시키는 운동 가이드

워킹메모리를 향상시키기 위해 걷는다면 최소한 1회 10분을 목표로 해야 한다. 익숙해지면 30~40분을 기준으로 일주일에 3회 정도 하는 것이 좋다.

운동의 강도는 좀 호흡이 거칠어질 정도의 속도로 하면 된다. 구체적으로는 최대심박수(최대심박수 산출은 보통 '220-나이' 공식을 사용하지만 오차가 커서 스포츠계에서는 잘 사용하지 않는다. 더 정확한 수치를 내고 싶다면 '208 - 0.7×나이'를 사용하면 된다. 이것은 약 1만 9천명의 데이터를 바탕으로 만든 공식이다)의 50~60퍼센트 정도를 목표로 하면 좋다.

운동은 워킹메모리뿐만 아니라 뇌의 해마를 확대시키는 데도 도움이 된다. 해마는 기억과 학습에 관련된 뇌의 영역으로 새로운 정보를 저장하는 데 중요한 역할을 하는 부위라서 공부의 효율을 높이는 데도 중요하다.

지난 14건의 연구를 정리한 데이터에 따르면 해마를 늘리기 위한 운동 가이드라인은 다음과 같다.

1. **가벼운 운동의 경우 : 1회 40분 걷기를 일주일에 3번. 최대심박수의 50~60퍼센트 정도에서 6~12개월 계속한다.**
2. **강도 높은 운동의 경우 : 1회 30~60분 조깅 또는 자전거를 일주일에 3회. 최대심박수의 80퍼센트 정도로 3~6개월 계속한다.**

운동과 워킹메모리 연구는 오래 되지 않았기 때문에 향후 연구에 따라 최적의 가이드라인이 바뀔 가능성은 있다. 하지만 어쨌든 운동이 뇌 건강에 좋은 것은 틀림없기 때문에 운동 습관을 들이는 것이 좋다.

Point

- **걷기만 해도 뇌의 신경회로가 발달하고 머리 회전이 좋아진다.**
- **1회 40분 주 3회 걷는 습관을 들여 보자.**

비디오 게임을 활용하라

비디오 게임이 뇌에 좋다는 분석 결과

게임이라고 하면 시간 때우기용이라는 이미지가 강하지만, 최근 과학계에서는 게임이 머리를 좋게 한다는 점에 주목하고 있다.

대표적인 연구는 카탈루냐대학이 행한 메타분석(수년간에 걸쳐 축적된 연구 논문들을 요약하고 분석하는 방법)이다. 뇌와 게임에 대해서 조사한 연구 중에서 충실한 데이터를 골라 분석한 것으로, 현 시점에서는 가장 신뢰할 만한 내용이다.

결론을 한마디로 말하자면, "비디오 게임을 하면 뇌에 좋다"는 것이다.

구체적으로는 "해마가 커지고 주의력을 유지하는 힘이 늘어 워킹메모리가 향상된다"는 점을 들고 있다. 그중에서도 "스트레스가 높은 상황에서 집중력을 유지하는 능력이 높아지기 때문에 시험을 앞둔 학생이나 프레젠테이션을 앞둔 직장인에게는 정말로 도움이 된다"고 밝히고 있다.

두뇌를 향상시키는 게임

두뇌를 향상시키는 게임의 조건은 다음과 같다.

- **즉각적인 판단이 요구되는 게임이다.**
- **수수께끼를 푸는 듯한 요소가 있다.**
- **3D 공간을 날아다니는 게임이다.**

모든 것을 충족시킬 필요는 없지만 위의 3가지 조건을 충족시키는 게임일수록 뇌를 자극해서 인지 훈련 효과가 높다.

참고로 실험에서 뇌기능 향상에 도움이 되는 것으로 확인된 게임의 예를 들어둔다.

- 슈퍼마리오 64
- 스타크래프트

• 리그오브 레전드 • Dota 2

물론 이들 게임이 전부는 아니다. '슈퍼마리오 64'처럼 즉각적인 판단이 요구되는 게임이라면 어떤 것이든 효과가 있다.

그런 의미에서는 '젤다의 전설'이나 'Heroes of the Storm'과 같은 게임도 가능성은 있을 듯하다.

게임의 효과는 양날의 칼

비디오 게임을 하면 뇌에 좋은 점도 있지만 단점도 있으므로 주의해야 한다. 앞에서 언급한 메타분석에서는 게임의 마이너스 면을 2가지 들고 있다.

- **뇌의 보상 시스템이 변화를 일으켜 중독 증세와 비슷한 상태에 빠진다.**
- **외부의 자극에 반응하기 쉬워지고 뇌가 보상에 약해진다.**

잘 만들어진 게임일수록 절묘한 타이밍에 아이템이 손에 들어오고, 알맞은 난이도로 적의 공격을 빠져 나가거나 장애물을 뛰어넘을 수 있게 설계되어 있다. 이런 점이 뇌의 보상 스위치를 과잉으로 누른다는 것이다.

일단 이렇게 되면 게임을 멈출 수 없을 정도로 의식이 게임에 머물게 되기 때문에 모처럼 높아진 워킹메모리나 집중력을 학습에 활용할 수 없다. 그런 의미에서 게임은 양날의 칼이라 할 수 있으므로 미리 '10분이 지나면 그만 둔다'처럼 엄격한 룰을 정해 둘 필요가 있다.

Point

- **'비디오 게임은 공부에 방해된다'는 이야기는 옛말이 된 지 오래다.**
- **잘 이용하면 기분 전환 이상의 효과를 볼 수 있다.**

악기 연주가 워킹메모리를 높인다

뮤지션 중에는 기억력이 좋은 사람이 많다

"클래식 음악을 들으면 머리가 좋아진다"는 속설이 있다. 물론 이것은 사실로 입증되지 않았기 때문에 그야말로 속설에 지나지 않는다고 할 수 있다.

하지만 최근 "악기를 다루면 워킹메모리를 높이는 데 효과가 있다"는 실증 데이터가 나왔다. 유명한 것으로는 이탈리아 파도바대학이 실시한 조사가 있다. 파도바대학에서는 과거에 행한 대량의 데이터를 통해 악기 연습이 뇌에 좋은지 조사했다.

그 결과 "악기를 배운 기간이 긴 사람일수록 단기기억 작용이 좋고 워킹메모리 성능도 높다"는 결론을 얻었다. 뮤지션은 대체로 기억력이 좋고, 예를 들어 무작위로 늘어놓은 수열을 즉시 기억하는 작업도 잘했다는 것이다.

악기 다루기가 뇌에 좋은 이유는?

악기를 다루면 뇌에 좋은 이유는 몇 가지 있지만 연습 과정이 근본적으로 멀티모덜한 점을 가장 큰 이유로 꼽을 수 있다.

악기를 연주할 때는 악보에 적힌 기호를 뇌 속에서 소리로 연결시키고, 이 정보를 다시 몸의 움직임으로 변환시켜야 한다. 그 과정에는 시각, 청각, 운동 감각 등의 요소가 모두 포함되어 있어 다양한 감각으로 뇌에 자극을 준다.

그렇기 때문에 악기를 연주하면 최종적으로 워킹메모리가 향상되고 순간 기억 능력으로 이어진다.

다른 말로 표현하자면 음악 공부란 정보의 청크화를 배우는 훈련이기도 하다. 본래는 아무런 연관이 없는 소리의 흐름에, 멜로디나 리듬과 같은 프레임 워크를 사용하여, 정보를 알기 쉽게 정리하고 이해하기 쉬운 형태로 변환하는 작업은 바로 2장에서 설명한 청크화와 똑같다.

배우는 악기는 무엇이든 상관없다. 피아노든 기타든 드럼이든 멀티모덜과 청크화라는 2가지 요소만 충족되면 학습 효과를 높일 수 있다.

유일한 요령이 있다면 음악을 즐기는 것이다.

워킹메모리를 향상시킬 목적으로 악기를 연습한다면 동기 유발이 지속되지 않고, 또 무엇보다도 즐기지 않으면 뇌에 자극이 전해지지 않는다. 이 점만 지킨다면 음악은 즐거운 뇌 훈련이 될 것이다.

Point

- **음악은 '감상'하기보다 '연주'하는 쪽이 뇌 훈련에 좋다.**
- **악기 연습이 뇌의 워킹메모리를 발달시킨다.**

고민거리를 종이에 쓰면 워킹메모리가 올라간다

종이에 쓰는 것만으로 뇌가 효율적으로 움직이기 시작한다

고민거리를 종이에 써보는 방법은 상담에서 많이 사용하는 심리요법 중 하나이다. 수많은 연구에서 그 효과가 입증되었고, 불안이나 우울증에 특히 효과가 좋다.

방법은 아주 간단하다. 자신의 고민을 떠오르는 대로 한 번에 종이에 내려쓰면 된다.

이것뿐이다. 이 작업을 하루 20분씩 몇 주 정도 계속하면 불안이 사라지고 조금씩 행복도가 올라간다. 부정의 감정을 밖으로 써서 내보낸 덕에 객관성이 생겨 자기 속에 고민을 꽁꽁 담아 둔 상태보다 문제에 대처하기 쉬워진다.

이 방법이 대단한 것은 정신 개선뿐 아니라 뇌기능을 향상시키는 작용도 한다는 점이다.

미시간주립대학의 한 연구팀은 불안증에 시달리는 학생을 모아 전체를 다음과 같이 두 그룹으로 나누어 실험을 실시했다.

1. 걱정이나 고민거리를 종이에 써본다.

2. 전날에 일어난 일을 적는다.

두 그룹 다 기입하는 데 8분밖에 걸리지 않았지만 효과 면에서는 큰 차이를 보였다. 뇌기능 측정 테스트 결과 걱정이나 고민거리를 종이에 써본 학생만 워킹메모리가 향상되었다.

이런 변화가 생긴 것은 우리의 고민이나 불안이 워킹메모리의 기능을 낮추는 작용을 하기 때문이다. 머리에 걱정거리가 생기면 뇌는 그것을 처리하는 데 능력을 사용하기 때문에 인지를 위한 힘을 작동시킬 여유가 없어진다.

공부를 하면서도 한편으로는 자신의 고민을 떠올리고 또 그 감정을 누르려고 한다면, 그런 상태에서는 학습에 몰입할 수가 없다. 걱정거리가 많은 사람은 항상 멀티태스킹으로 작업을 하는 사람과 같다.

하지만 종이에 걱정거리를 적으면 뇌의 워킹메모리에서 '걱정'이라는 짐을 내려놓을 수 있게 되면서 뇌가 해방된다. 종이 위에 걱정거리를 털어버렸기 때문에 보다 효율적으로 뇌를 쓸 수 있게 되는 것이다.

고민거리를 종이에 바르게 명시하는 3가지 포인트

고민거리를 종이에 써서 명시할 때는 다음의 3가지 포인트를 지켜야 한다.

■ 1: 타이밍

고민거리를 종이에 쓰는 시간은 공부를 마친 후 또는 잠자기 전에 8분 동안 하는 것이 가장 좋다. 무거운 작업으로 뇌의 메모리가 가득 찬 시점에서 그날 고민을 적어본다.

■ 2: 내용

종이에 어떤 내용을 쓰든 상관없다.

'기본문제를 틀리다니 말도 안 된다' '이제 곧 시험인데 큰일이다' 같은 공부에 대한 불안은 물론 '그 인간이 하는 말은 정말 짜증난다!' '동기유발이 안 된다' 등등 작은 불만이나 걱정거리도 괜찮다. 마음을 확실히 표현하기가 어려우면 '왠지 불안하다'고 써도 된다. 아무튼 머릿속의 문제를 모두 뱉어내는 것이 좋다.

고민거리를 종이에 바르게 명시하는 3가지 포인트

1 타이밍

공부를 마친 후 또는
잠자기 전에 8분 동안
하는 것이 가장 좋다.
그날 고민을 적어보라.

2 내용

종이에 적을 내용은
공부에 대한 불안도 좋고,
작은 불만이나 걱정거리 등
어떤 것이든 괜찮다.
머릿속의 문제를 모두
뱉어내는 것이 중요하다.

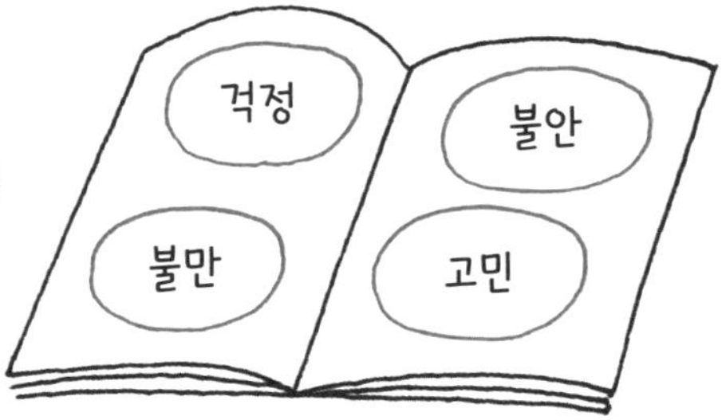

3 기간

명확한 기간을 정하기는
어렵지만 오래 계속할수록
효과적이므로 최소한
4주일은 계속하는 것이 좋다.

■ 3: 기간

종이에 써서 명시하면 바로 워킹메모리가 오른다. 여러 연구에 따르면 오래 계속할수록 더 효과적인 것으로 밝혀졌다. 그러므로 최소한 4주일은 계속하는 것이 좋다.

걱정거리 때문에 뇌가 잘 움직이지 않는 사람은 자기 전에 8분이면 되니까 종이에 부정적인 감정을 쏟아내 보라. 그것만으로도 다음날의 공부 효율이 올라갈 것이다.

Point

- 고민거리는 머릿속에 담아두지 말고 종이에 써 보자.
- 그만큼 뇌의 공간이 비어 학습에 집중할 수 있다.

공부 잘하는 머리 만들기 2

훈련으로 마인드셋을 바꿔라

마인드셋을 높이는 5가지 방법

좋은 머리를 만드는 데 필요한 두 번째 요소는 '마인드셋'이다.

마인드셋(mindset)은 스탠퍼드대학 심리학과 캐롤 드웩 교수가 제창한 이론으로 '마음속에 뿌리내린 신념이나 마음가짐, 사고방식'을 의미한다.

캐롤 드웩 교수는 다음처럼 마인드셋을 크게 2가지로 분류하였다.

- 고정 마인드셋 (fixed mindset): '인간의 능력은 선천적으로 정해져 있어서 바꿀 수 없다'고 생각하는 마음가짐

■ 성장 마인드셋(Growth Mindset): '인간의 능력은 얼마든지 발전시킬 수 있다'고 생각하는 마음가짐

둘 중에 어떤 마인드셋(마음가짐)을 갖고 있느냐에 따라 우리의 머리는 달라질 수 있다.
필요한 것은 물론 성장 마인드셋 쪽이다. 이 마인드셋을 갖고 있는 사람은 능력은 노력하면 달라진다고 생각하고 효과가 있을 만한 일에는 뭐든지 도전한다. 실패를 두려워하지 않는다. 설령 실패했다 해도 자신의 재능이나 능력이 원인이라고는 생각하지 않는다.

성장 마인드셋을 장착하고 키우면 타고난 능력의 소유자 못지않은 능력을 발휘할 수 있다. 세상에서 '노력하는 천재'라 불리는 사람들은 모두 성장 마인드셋을 갖고 있는 이들이다.

성장 마인드셋을 가진 사람은 실패를 두려워하지 않고, 그 때문에 시도가 늘어나고 자연히 시행착오가 많아지지만, 결과적으로 성공 횟수도 늘어난다. 이 성공 체험이 자신감으로 나타난다.
이런 상승곡선을 타게 되면 그 후에는 마인드셋이 향하는 대로 도전을 계속한다. 누가 말하지 않아도 자연스럽게 노력이 쌓이고 마지막에는 능력도 생긴다.

반대로 능력은 변하지 않는다고 믿는 고정 마인드셋을 가진 사람은 모두 자신의 재능이 원인이라고 받아들이기 때문에 실패를 강하게 두려

워한다. 작은 실수에도 '나는 이제 안 된다!' '능력이 없다!'고 생각하고, 최종적으로는 자신이 잘할 수 있는 일에만 흥미를 보이게 된다. 이렇게 해서는 재능을 키울 수 없다.

예전에는 마인드셋에 타고난 개인차가 있다는 견해가 강했으나, 지금은 몇 가지 훈련으로 마인드셋을 바꿀 수 있는 것으로 바뀌었다. 마인드셋을 좀 더 자세하게 살펴보자.

성장 마인드셋을 설명하는 미디어를 접한다

성장 마인드셋 1

동영상을 보는 것만으로 효과가 나타난다

성장 마인드셋을 키우는 첫 번째 기술은 마인드셋에 대한 매체를 접하는 것이다.

'인간의 능력은 얼마든지 발전시킬 수 있다'는 사실을 언급한 동영상이나 책, 음성 등을 적극적으로 받아들인다. 아주 간단하지만 이것처럼 단시간에 마인드셋에 영향을 미치는 방법도 없다.

스탠퍼드대학의 한 연구팀의 실험에서는 마인드셋의 해설 동영상을 50분 정도 본 학생은 그것만으로 학기말 시험 성적이 오르고 낙제점을 받은 확률이 3퍼센트 정도 낮아졌다. 숫자만 보면 작은 변화지만 단 50분 본 것치고는 상당한 성과라 할 수 있다.

마인드셋을 기르기 위한 매체 가이드

실험에 사용한 동영상은 주로 뇌의 유연성을 설명한 것이다.

"인간의 뇌는 어린 시절에 어느 정도 형태가 결정되기 때문에 커서는 변하지 않는다"는 견해는 이미 옛 이론이 되었다. 최근의 뇌과학에서는 "뇌에는 커다란 유연성이 있어, 비록 80살이 되어도 신경 네트워크를 바꿀 수 있다"는 연구 결과를 내놓고 있다.

실험에서 사용된 동영상에서는 이 사실을 마인드셋에 연결시켜 우리의 뇌가 훈련에 따라 얼마나 길러지는지를 설명하고 있다. 이처럼 마인드셋을 바꾸고 싶다면 성장 마인드셋을 언급한 동영상이나 책을 접하는 것만으로도 큰 효과를 볼 수 있다.

참고로 몇 가지 예를 들어 둔다.

- TED 동영상 '캐롤 드웩: 자신이 발전할 수 있다는 믿음의 힘'
  https://www.ted.com/talks/carol_dweck_the_power_of_believing_that_you_can_improve?language=ko
- 《마인드셋》(캐럴 드웩 지음)
- 《아이는 어떻게 성공하는가》(폴 터프 지음)
- 《스스로 치유하는 뇌》(노먼 도이지 지음)

이들 동영상이나 책을 접하는 것만으로도 당신 안에는 분명 성장 마인드셋의 씨앗이 심어질 것이다.

Point

- '인간의 능력은 얼마든지 발전시킬 수 있다'는 성장 마인드셋을 갖는다.
- 동영상을 보거나 책을 읽고 '하면 된다!'는 확신을 갖는다.

자신의 선택과 전략을 칭찬한다

성장 마인드셋 2

자신이 한 선택과 전략을 긍정한다

다음에 필요한 것은 자신이 한 '선택'과 '전략'을 스스로 칭찬하는 마음을 갖는 것이다. 구체적인 예를 보자.

- **선택 : '집중하는 사람들이 있는 곳에서 공부하기로 정했다' '참고서 한 권을 철저히 파고들기로 했다' '1달 동안 능동적 학습법을 실천하기로 했다'**

- **전략 : '수학 공부의 목표를 세세하게 짰다' '교과서 내용을 퀴즈화해서 복습하기 쉽게 했다' '계획적인 낮잠으로 뇌를 리셋했다'**

어떤 타고난 천재라도 아무런 방향도 정하지 않고 움직이다가는 어디에도 도달하지 못한다. 아무리 세계사의 흐름을 재미있게 알려주어도 역사 만화만으로는 한계가 명확하다.

아무리 노력해도 효율적이지 못한 전략을 쓴다면 의미가 없다. 올바른 선택과 전략이 있어야 비로소 재능과 노력이 성과로 나타난다.

그런데 지금 이 사회는 개인의 재능을 칭찬할 뿐 '선택'과 '전략'에는 관심이 없다.

재능에 초점을 맞추면 우리의 머리에는 '나는 타고난 능력 덕분에 칭찬받고 있다'는 사고가 생겨서 새로운 도전을 멈추어 버린다. 자신의 재능이 드러나거나 잃어버릴까 두렵기 때문이다.

요컨대 무슨 일에 성공했을 때에야 비로소 '잘했다'고 칭찬하는 것은 잘못됐다는 말이다. '목표를 세분화한 건 잘한 일'이라거나 '이 참고서를 선택하길 잘했다'처럼 당신이 한 바른 선택과 전략을 칭찬하는 것이 더 중요하다.

이는 한마디로 말하면 '과정을 칭찬한다'로 요약할 수 있다.

효율적인 공부를 위해 좋은 자원을 선택하고, 제대로 계획을 세워 성장으로 연결시키려 애쓰고 있는가? 그렇다면 자신의 재능에 집착하지 말고, 이 일련의 과정에 주의를 기울이기 바란다.

Point

- 자신의 재능이 아닌 '선택'과 '전략'의 과정을 칭찬하면, 다음에 도전하려는 의욕이 생긴다.

노력한 만큼 보상받지 못할 수도 있다는 것을 인정한다

성장 마인드셋 3

우선 사실을 냉정하게 받아들인다

'노력해도 실패할 수 있고, 노력한 만큼 보상이 따르지 않을 수도 있다'는 사실을 인정하면 괴로움에서 조금은 벗어날 수 있다

'노력은 반드시 보상을 받는다'고 흔히들 말하지만 꼭 그렇지는 않다. 노력으로 타고난 재능을 앞지르지 못할 가능성이 많고, 도전이 성공하는 경우보다 실패로 끝나는 경우가 더 많다. 노력해도 안 되는 것이 있고, 노력한 만큼 보상받지 못할 수도 있다는 것을 우리는 인정해야 한다.

결과에 집착하다 보면 우리 안에 성장 마인드셋이 생기지 않는다. 노력은 반드시 성공으로 직결돼야 한다는 경직된 사고방식도

고정 마인드셋의 일종이다. 노력한 만큼 보상받을 수도 있고 받지 못할 수도 있다는 것을 인정하고, 앞에서 언급한 '전략'에 초점을 맞추는 일이 중요하다.

올바른 마인드셋을 얻기 위해서는 다음의 3가지를 지켜서 전략을 세우기 바란다.

■ 포인트 1: 달성 가능성이 높은 목표를 설정한다

높은 목표를 내거는 것도 좋다. 그러나 '일류대학에 반드시 합격하겠다'거나 '대기업과 계약을 성사시키겠다'는 식의 목표만 쫓아서는 성취감을 얻을 수 없다. 이래서는 성장의 기쁨을 얻지 못하고 마인드셋도 바뀌지 않는다.

지나치게 높은 목표는 일단 잊고 '문제집 한 권을 끝까지 독파하겠다' '하루에 10페이지씩 참고서를 공부하겠다' '프레젠테이션 자료를 만들겠다'는 식으로 구체적이고 달성 가능성이 높은 목표를 설정하자. 대략 달성 가능성이 70~80퍼센트 정도 되는 목표가 적당하다.

■ 포인트 2: 목표를 달성하기까지의 단계를 명확히 한다

작은 목표를 세웠으면 그 다음에는 달성하기까지의 단계를 세분화한다.

'문제집 한 권을 끝까지 마치겠다'는 것이 목표라면 '하루에 최소한 10문제를 풀겠다' '풀리지 않은 문제는 3일 후에 복습한다' '30분 간격으로 10분 휴식을 취한다' 등, 매일의 루틴을 최대한 구체적으로 정한다.

우리 뇌는 '다음에 무엇을 해야 하는 거지?' 하고 행동을 망설이는 순간 의욕이 갑자기 꺾이는 성질이 있다. 그렇기 때문에 조금이라도 행동에 망설임이 생기지 않도록 미리 구체적인 대책을 세워야 한다.

■ 포인트 3: 전략을 검토한다

마지막 포인트는 '전략의 검토'다. 만약 목표에 도달하지 못했다면 전략의 어디에 잘못이 있는지, 목표를 잘못 세운 것은 아닌지 체크한다. 반대로 순조롭게 목표에 도달했을 때도 전략의 어떤 점이 좋았는지를 분석한 뒤 성공의 승리감을 확실히 맛보라.

이들 포인트를 지켜 전략을 세우면 자신이 목표를 향해 가고 있다는 실감이 나고, 머릿속에 '작은 성공' 체험이 축적된다. 이런 일상의 반복은 '어차피 안 된다'는 고정 마인드셋을 바꿔 성장 마인드셋이 정착되도록 한다.

Point

- **'노력'에 매달릴 것이 아니라 '전략'에 포커스를 맞춘다.**
- **목표, 단계, 검토에 주력하면 목표는 어느새 눈앞에 와 있다.**

마인드셋 전략의 3가지 포인트

포인트 1 달성 가능성이 높은 목표를 설정한다.

'문제집 한 권을 끝까지 독파하겠다' '프레젠테이션 자료를 만든다'처럼 달성률이 높은 목표를 설정한다. 대략 달성 가능성이 70~80퍼센트 정도 되는 목표가 적당하다.

포인트 2 목표를 달성하기까지의 단계를 명확히 한다.

목표를 세웠으면 달성하기까지의 단계를 세분화한다. '문제집 한 권을 끝까지 독파하겠다'는 것이 목표라면 '하루에 최소한 10문제를 풀겠다' '풀리지 않은 문제는 3일 후에 복습한다' '30분 간격으로 10분 휴식을 취한다' 등, 매일의 루틴을 최대한 구체적으로 정한다.

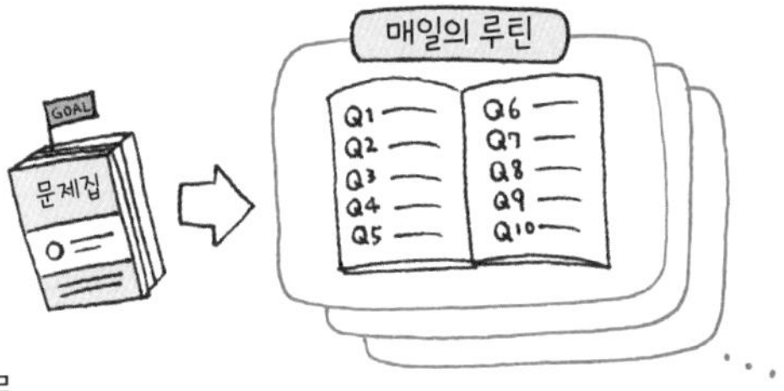

포인트 3 전략을 검토한다.

목표에 도달하지 못했다면 '전략의 어디에 잘못이 있는지'를 체크한다.
달성했을 때는 '전략의 어디가 좋았는지'를 알고 성공한 느낌을 확실히 맛보자.

실패를 학습의 기회라고 생각한다

성장 마인드셋 4

자신에게 상냥하게 말을 걸어본다

누구나 실패하기는 싫겠지만 어떤 일을 하든지 실패는 따라다니는 법이다.

실패에서 도망만 쳐서는 성공 가능성도 사라지고 머릿속은 언제나 고정 마인트셋에서 벗어날 수 없다. 성장 마인드셋을 몸에 익히려면 실패와 잘 어울릴 필요가 있다.

요령은 간단하다. 실패나 기대에 어긋난 결과를 심각하게 보지 않는 것이다. 그렇다고 완전히 무시하자는 것은 아니다. 되도록 실패를 긍정적으로 받아들이고, 새로운 기회라고 생각한다.

이 마음이 자리잡으면 실패는 순식간에 학습의 과정으로 바뀌면서, 실패를 이용할 수 있게 된다.

아무리 이렇게 설명해도 실패에 대한 두려움이 뿌리 깊은 사람도 적지 않을 것이다. 이런 경우에 실패에 대한 두려움을 억지로 긍정적으로 바꾸려고 할 필요는 없다. 다만 다음과 같은 절차를 밟으면 된다.

1. 후회하고 있는 자신에게 또 다른 자신이 배려와 이해를 갖고 말을 걸어주는 모습을 상상한다.
2. 또 다른 자신이 어떤 말을 걸어왔는지를 종이에 쓴다.

이것은 심리학에서 '셀프컴패션(self-compassion)'이라 불리는 방법의 하나이다. 셀프컴패션이란 '자기에 대한 배려' 혹은 '자기연민'을 뜻하는 말로, 긍정적인 사고로 무리하게 실패를 덮어버리는 것보다 성장 마인드셋을 높이기 쉬운 방법으로 알려져 있다.

실패한 자신을 책망하는 것이 아니라 또 억지로 긍정적으로 생각하는 것이 아니라, 단지 자신에게 상냥한 말을 걸어 보는 것이 최대의 포인트이다.

만약 또 다른 자신이 잘 상상되지 않는다면 대신 '가장 친한 친구가 같은 실패를 했다면 어떤 말을 해줄까' 상상해 보는 것도 좋

셀프컴패션(self-compassion)이란?

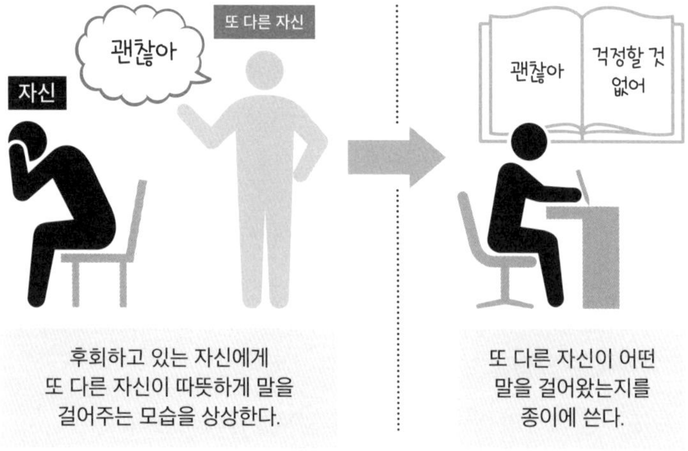

은 방법이다. 평소에 자신을 비판하는 경향이 강한 사람일수록 시도해 볼 가치가 있다.

Point

- 실패를 '학습의 기회'로 생각하라.
- 친구를 격려하듯이, 자신에게 상냥하게 말을 걸어 보자.

자신의 마인드셋을 모니터링하라

성장 마인드셋 5

자신을 객관적으로 바라보며 질문을 던진다

대부분의 사람들은 상황에 따라 성장 마인드셋과 고정 마인드셋이 수시로 바뀌는 경우가 많다.

- 운동을 할 때는 자신만만하다가 공부를 하다보면 '자신에게는 재능이 없다'고 생각하게 된다.
- 자신이 유능하다고 생각했으나 자기보다 잘하는 신인이 나타나면 갑자기 실패가 두려워진다.

어떤 상황에서는 성장 마인드셋 쪽이 우위라 해도, 사소한 계기로 고정 마인드셋으로 바뀔 수도 있다. 그 원인은 다양하다. 뭔가 트러블이 생겼기 때문일 수도 있고 자신도 모르는 사이에 컴포트 존(편안함을 느끼는 영역)에서 나와 버렸기 때문일 수도 있다.

어쨌든 사람은 누구나 고정 마인드셋과 성장 마인드셋 사이를 오간다. 언제나 한결같은 마인드셋을 유지하는 것은 우선 불가능하다.

그러니까 상황을 냉정히 관찰하면서 지금 자신은 고정과 성장, 어느 쪽 마인드셋인지 판단할 필요가 있다.

'갑자기 침울해지는데 마인드셋이 경직되어 있는 것은 아닌가?'

'의욕이 꺾인 것은 마인드셋이 변했기 때문일까?'

자신의 정신 변화를 느끼면, 그때마다 의식하고 마인드셋을 모니터링한다. 이 작업을 몇 번 되풀이하다 보면, 이윽고 마인드셋의 변화를 순식간에 알아차리게 된다.

'공부가 되지 않는 것은 지금 고정 마인드셋으로 바뀌었기 때문이다'는 모니터링을 했다면 즉각 다음과 같은 질문을 자신에게 던져 보라.

"앞으로 무엇을 배우고 싶니?"

"누군가에게 지식을 전한다면 무엇을 가르치길 원하지?"

"남에게 어떤 영향을 주고 싶어?"

이런 작은 질문이라도 우리의 마음가짐은 '성장 모드'에 들어간다. 뇌가 자동적으로 질문의 답을 찾기 시작하고 조금씩이지만 굳어진 마음이 풀리기 때문이다.

이후에는 성장 마인드셋 3에서 세운 전략을 담담하게 따라 하기만 하면 된다. 마음이 성장을 추구하는 한 우리의 인생에서 실패는 모두 기회로 바꿀 수 있다

Point

- **마인드셋은 항상 '고정'과 '성장' 사이를 오가기 마련이다.**
- **상황을 객관적으로 판단해 '성장' 쪽을 유지하라.**

참고문헌

Daniel T. Willingham et al. (2013) Improving Students' Learning With Effective Learning Techniques: Promising Directions From Cognitive and Educational Psychology

Nnadozie Okoroafor,et al. (2014) Active learning increases student performance in science, engineering, and mathematics

C.H. Arnaud (2014) Active learning beats lectures: Meta-analysis of 225 studies shows that active learning is consistently better across disciplines and class size

John C. Nesbit et al. (2006) Learning With Concept and Knowledge Maps: A Meta-Analysis

Alden L. Gross et al. (2012) Memory training interventions for older adults: A meta-analysis

Angela C. Jones et al. (2015) Beyond the Rainbow: Retrieval Practice Leads to Better Spelling than Rainbow Writing

Piotr Wozniak (1990) Optimization of learning

Rohrer, Doug Dedrick, Robert F. et al. (2015) Interleaved practice improves mathematics learning.

Mayer Richard E. (2009) Multimedia Learning 2nd (second) Edition

Peter A Cohen et al.(1982) Educational Outcomes of Tutoring: A Meta-analysis of Findings

Aloysius Wei Lun Koh et al. (2018) The learning benefits of teaching: A retrieval practice hypothesis

Patricia Chen et al. (2017) Strategic Resource Use for Learning: A Self-Administered Intervention That Guides Self-Reflection on Effective Resource Use Enhances Academic Performance

John F. Nestojko et al. (2014) Expecting to teach enhances learning and organization of knowledge in free recall of text passages

Daniel M. Oppenheimer et al. (2014) The Pen Is Mightier Than the Keyboard: Advantages of Longhand Over Laptop Note Taking

David W. Concepción (2004) Reading Philosophy with Background Knowledge and Metacognition

Hayes, David (2014) The Psychology Underlying the Power of Rubber Duck Debugging

Catherine D et al. (2017) Selectively Distracted: Divided Attention and Memory for Important Information

Julia Zavala et al. (2017) Solitary Discourse Is a Productive Activity

Alexander JamesKirkham et al. (2012) The impact of verbal instructions on goal-directed behaviour

Noah D. Forrin et al. (2017) This time it's personal: the memory benefit of hearing oneself

Katharina von Kriegstein et al. (2015) Visual and Motor Cortices Differentially Support the Translation of Foreign Language Words

Sumsan Hammack (2014) Multiple Exposures + Variety of Ways = In-Depth Learning

David Yeager et al. (2018) Where and For Whom Can a Brief, Scalable Mindset Intervention Improve Adolescents' Educational Trajectories?

Peters, E. et al. (2015) Multiple numeric competencies: When a number is not just a number.

Charan Ranganath et al. (2014) States of Curiosity Modulate Hippocampus-Dependent Learning via the Dopaminergic Circuit

Maren Schmidt-Kassow et al. (2013) Physical Exercise during Encoding Improves Vocabulary Learning in Young Female Adults: A Neuroendocrinological Study

ÉliseLabonté-LeMoyne et al. (2015) The delayed effect of treadmill desk usage on recall and attention

Eelco V. van Dongen et al. (2016) Physical Exercise Performed Four Hours after Learning Improves Memory Retention and Increases Hippocampal Pattern Similarity during Retrieval

Steven B Most et al. (2017) Evidence for improved memory from 5 minutes of immediate, post-encoding exercise among women

Mark E. Benden et al. (2014) The Evaluation of the Impact of a Stand-Biased Desk on Energy Expenditure and Physical Activity for Elementary School Students

Dustin E. Sarver et al. (2015) Hyperactivity in Attention-Deficit/Hyperactivity Disorder (ADHD) : Impairing Deficit or Compensatory Behavior?

Benjamin L. Smarr et al. (2018) 3.4 million real-world learning management system logins reveal the majority of students experience social jet lag correlated with decreased performance

Kinga Igloi et al. (2015) A nap to recap or how reward regulates hippocampal-prefrontal memory networks during daytime sleep in humans

OLAF LAHL et al. (2008) An ultra short episode of sleep is sufficient to promote declarative memory performance

Margaret L. Schlichting et al. (2014) Memory reactivation during rest supports upcoming learning of related content

Stéphanie Mazza et al. (2016) Relearn Faster and Retain Longer Along With Practice, Sleep Makes Perfect

Vikranth R. et al. (2014) Action video game play facilitates the development of better perceptual templates

SidneyD'Mello et al. (2014) Confusion can be beneficial for learning

Ming Kuo et al. (2018) Do Lessons in Nature Boost Subsequent Classroom Engagement? Refueling Students in Flight

YONEZAKI Michi et al.(2016) A Study on the Effectiveness of Oral Reading Activities to Improve Speaking Ability

Barbara Oakley (2014) A Mind For Numbers: How to Excel at Math and Science (Even If You Flunked Algebra)

Benedict Carey (2015) How We Learn: Throw out the rule book and unlock your brain's potential

パレオな男　https://yuchrszk.blogspot.com/

시간 낭비를 확 줄여주는 초효율 공부법

2020년 12월 7일 초판 1쇄 발행
2023년 11월 20일 초판 5쇄 발행

지은이 | 멘탈리스트 다이고
옮긴이 | 김선숙
펴낸이 | 이병일
펴낸곳 | **더메이커**
전 화 | 031-973-8302
팩 스 | 0504-178-8302
이메일 | tmakerpub@hanmail.net
등 록 | 제 2015-000148호(2015년 7월 15일)

ISBN | 979-11-87809-34-0 03190